对于自己不熟悉的人，
应避免用身体碰触对方。

当你发觉别人在躲避你时，
你应该很自然地假装没看到对方。

你的第一本礼仪书

NIDE DIYIBEN LIYISHU

夏志强 —————— 编著

图书在版编目（CIP）数据

你的第一本礼仪书 / 夏志强编著 . -- 南昌：
江西美术出版社，2017.7（2021.10 重印）
ISBN 978-7-5480-5463-4

Ⅰ.①你… Ⅱ.①夏… Ⅲ.①礼仪—基本知识 Ⅳ.
① K891.26

中国版本图书馆 CIP 数据核字 (2017) 第 112546 号

你的第一本礼仪书　　夏志强　编著

出　版：江西美术出版社
社　址：南昌市子安路 66 号 邮编：330025
电　话：0791-86566329
发　行：010-88893001
印　刷：三河市华成印务有限公司
版　次：2017 年 10 月第 1 版
印　次：2021 年 10 月第 10 次印刷
开　本：880mm×1230mm 1/32
印　张：8
书　号：ISBN 978-7-5480-5463-4
定　价：35.00 元

本书由江西美术出版社出版。未经出版者书面许可，不得以任何方式抄袭、复制或节录本书的任何部分。
本书法律顾问：江西豫章律师事务所　晏辉律师
版权所有，侵权必究

前　言

　　礼仪是人类为维系社会正常生活而要求人们共同遵守的最起码的道德规范，它在人们的长期共同生活和相互交往中逐渐形成，并且以风俗、习惯和传统等方式固定下来，是个人、组织外在形象与内在素质的集中体现。对于个人来说，礼仪是思想道德水平、文化修养、交际能力的外在表现，在个人事业发展中起着举足轻重的作用。它提升人的涵养，增进与他人的了解沟通，对内可融洽关系，对外可树立形象，营造和谐的工作和生活环境。对社会来说，礼仪是一个国家社会文明程度、道德风尚和生活习惯的反映。自古以来，中国就以礼仪之邦著称，中国人更以修炼成彬彬有礼的君子为追求，在我们这个被儒家文化浸染数千年的中华民族，礼仪已经如血液一般渗透在人们生活的方方面面，以至于在生活中，人们往往靠礼仪方面的短暂印象来判断一个人是否值得交往，一个企业是否值得合作。在与世界各国、各民族交往的过程中，如果双方不懂对方礼仪，人与人之间就无法交流，企业也没法合作。翻开人类的历史，礼仪贯穿于文明传播与传承的整个过程。

　　礼仪是通过人们的具体行动和一些程式化的行为和语言表现出来的，可以说，我们日常生活中的任何一个角落，只要有人存在，就不能没有礼仪。礼仪就像空气一样无所不在、不可或缺。孩子们在学校或者参加生日聚会时需要遵守礼仪；成人上班或者陪客户外出就餐时需要遵守礼仪；开车、到国外度假或者筹备婚礼，同样需要遵守礼仪。事实上，当你翻开日程记录时，会发现在各种场合和交流过程中都需要遵守一定的礼仪。因此，在现代社会中，礼仪作为一套规范性的程式、一种文化，约束和支配着每个人的一切行为，它能调节人际关系、减少冲突、化解矛盾，也能凝聚情感、增进友谊、促进合作，不仅适应了时代的发展，而且还促进了个人的进步和成功。难怪越来越多的大企业家、外交家、形象设计专家都站出来自信地向我们宣传礼仪的魔力。

　　学习礼仪能塑造个人乃至集体的完美形象，礼仪周全的人和企业就会得到社会的认可与尊重。礼仪就是在点滴之处影响着人们的生活,也改变着人们的命运。日常生活中讲礼仪,就能创造和谐;职场上讲礼仪,则铺平坦途;商场上讲礼仪,能赢得商机……懂得礼仪的人收获信誉、人脉、财富、成功,不懂礼仪的人则损失多多。面对同等水平的竞争者,人们更愿意把机会给予更懂礼仪的那一个。从一定程度上来说,对于个人与机构,礼仪是成功的催化剂。没有礼仪,就没有人生和事业的成功。

俗话说"礼多人不怪",懂礼节,遵循礼节,不仅不会被别人厌烦,相反还会使别人尊敬你、认同你、亲近你,无形之中拉近了同他人的心理距离,也为日后合作共事创造宽松的环境,使事情向好的方面发展,取得良好的结果。相反,若不注重这些常识问题,犯了"规矩",就可能使人反感,甚至会使关系恶化,导致事情朝坏的方向发展。所以,在把握原则问题的前提下还应注重礼节,并尽可能地遵守这些礼节,才能确保事情的正常发展。正因为礼仪在人际交往中具有不可忽视的作用,有时甚至决定事情的最终结果。所以,在现代社会,任何人都不能轻视礼仪,都应学习礼仪、讲究礼仪,一个不懂礼仪、行为鲁莽的人只会在这个社会上处处碰壁、遭遇难堪。

为了帮助广大读者提高礼仪修养,掌握工作和生活中必知的礼仪常识,我们精心编写了这本《你的第一本礼仪书》,内容涉及仪容礼仪、仪态礼仪、服饰礼仪、寒暄礼仪、称呼礼仪、握手礼仪、名片礼仪、介绍礼仪、日常交往礼仪、交谈礼仪、电话礼仪、书信礼仪、拜访与待客礼仪、办公场合礼仪、面试礼仪、职场应酬工作礼仪、商务与公务礼仪、送礼礼仪、婚礼与舞会礼仪、宴会礼仪、商务与公务礼仪、寿礼和葬礼礼仪、应对媒体礼仪、涉外涉教礼仪、校园礼仪、出行与游览礼仪等方面,无所不包,篇幅短小而精悍,内容全面、通俗、实用性强,关注细节,关注成败,体贴入微,适合当今快节奏生活的人群阅读,让你真正对礼仪规则做到心中有数,在各种交际场合游刃有余。衷心希望你能在阅读本书后有所启发,在生活中灵活掌握和运用,在实践中不断提高在礼仪方面的修养,让自己的举止显得更加自信和得体,使人际交往更加顺利。

目录 CONTENTS

你的第一本礼仪书

第一章 仪容礼仪 001
塑造一个清新爽朗的形象 001
丰富自己的表情 002
笑容要适度 002
以真实的笑容对人 003
根据场合选择适合的发型 003
女性出席正式场合必须化妆 006
妆容要与服饰相协调 007
根据场合选择化妆 008
女性化妆时要顾及脖子和耳朵 009
喷洒香水要适量 009
仪容要与言行相配 010
女性穿衣服要松紧适宜 011

第二章 仪态礼仪 012
女性落座应双腿并拢 012
落座时只坐椅子前端的2/3 013
走路昂首挺胸 013
走路姿态要适应场合 014

第三章 服饰礼仪 015
穿着要符合场合 015
穿着的衣服要干净整洁 016
穿西服不可配便鞋 016

穿西装要讲究搭配 017
穿西装必须打领带 018
系领带要讲究章法 018
女性穿套装不可配露趾凉鞋 019
女性穿套裙要配长袜 020
女性在商务场合应穿高跟鞋 020
穿深色西装应配深色袜子 021
服装颜色要与自身条件与周围环境相协调 022
配饰要讲究品位 022

第四章 寒暄礼仪 024
和人打招呼时不能把手插在口袋里 .. 024
打招呼时要看着对方的眼睛 025
不可用碰触他人身体的方式打招呼 .. 025
寒暄要适可而止 026

第五章 称呼礼仪 027
在职场上对别人称呼要恰当 027
称呼别人时要注意自己的声音 028
称呼别人要尊重个人习惯 028

第六章 握手礼仪 030
握手的时间不可太长 030
握手的时候应让女士先伸手 031
握手时应起身站立 031

第七章　名片礼仪 033
名片上的头衔不超过两个 033
递名片时把正面朝向对方 034
收到名片后要回应对方 034
将别人的名片妥善存放 035

第八章　介绍礼仪 036
作介绍要注意场合 036
作介绍要强调重点 037
作介绍要讲究顺序 037
先把男士介绍给女士 038
被别人介绍时要面带微笑 038

第九章　日常交往礼仪 040
切忌叫错别人的名字或职务 040
致谢、道歉要及时 041
请人帮忙要说"请" 041
赞美要发自内心 042
别人失误时不要大惊小怪 043
切忌用食指指人 043
借路时要打招呼 044
男士要走在女士的左侧 044
遇到危险时男士要主动保护女伴 045
探病前要问清情况 046
探病时切忌详问病情 046
探病时宜说一些轻松话题 047

第十章　交谈礼仪 048
不宜在路边交谈，以免妨碍他人 048

交谈时要与对方保持适当的距离 ... 049
开玩笑要看对象和场合 049
对他人的主动交谈要积极回应 050
说话声音要温和 050
在谈话中不宜纠正别人的错误 051
尊重他人的意见 052
对别人的插话不可强硬拒绝 052
交谈过程中离开前要打招呼 053
与人交谈时既要说也要倾听 053
切忌随意打断别人的话 054
不探听别人的私密谈话 054
表达自己意见的同时也尊重别人的意见 055
谈论别人喜欢的话题 055
懂得适时保持沉默 056
批评与攻击别人要把握分寸 057
不必在非原则性问题上与他人纠缠不休 057
恭维别人不可露骨 058
切忌不明是非乱传话 058
对自己不懂的事情不随便发表意见 .. 059

第十一章　电话礼仪 060
打电话时要用问候语 060
打错电话要道歉 060
接通电话后要问对方是否方便 061
错过电话后要及时回拨 062
替来电者叫人时要懂礼貌 062
让对方持机等候时要说明所需时间 .. 063
通话中要注意控制音量 063

第十二章　书信礼仪 065

写信要注意格式 065
收到信后要及时回复 066
不可用传真机发感谢信和邀请函 .. 066
不可用普通信纸和信封写商务信件 .. 067
聚会前要提前给朋友发送邀请函 .. 067
不要遗漏应该邀请的人 068
邀请函中要写明聚会的细节 068

第十三章　拜访礼仪 069

上门拜访前先预约 069
登门拜访前要明确目的 070
拜访要控制时间 070
访友时要问候对方家人 071
对主人倒水表示感谢并欣然饮用 .. 071
临走时要和主人及其家人一一道别 .. 072
主人送客时要礼让 073
做客后要向主人致谢 073

第十四章　待客礼仪 074

远客到来要提前迎接 074
接待客人要注意仪表 075
敬茶后要及时添茶 075
留宿客人要问客人的习惯 076
在家中宴客比在外宴客对客人更加重视 076
点菜要问客人是否有禁忌 077
待客殷勤有度 077
送客要送到门外 078
不可在客人刚走后就议论客人 078

客人走后要轻声关门 079
送客不必太远 080
不可深夜让客人独自返回 080

第十五章　办公场合礼仪 081

递送尖状物时尖端应朝向自己 081
穿制服要注意职业形象 082
及时清理杂乱的办公桌 082
使用公共设施要有公共观念 083
办公室里要控制情绪 083
不可高声喧哗，旁若无人 084
禁用办公资源做私事 084
无事不可乱串门 085
及时传达小事情 085
尽量不要迟到、早退或到场太早 .. 086

第十六章　面试礼仪 087

简历内容要规范 087
简历制作要朴素大方 088
简历内容要详略得当 088
简历不可弄虚作假 089
个人资料要准备充分 089
求职时要事先了解应聘单位 090
进入面试场所时要敲门 090
离开时要随手关门 091
进门要打招呼，并回应招呼 092
未经允许不可落座 092
说话速度要适度 093
谈话内容要简洁 093

说话声音要稳定 094
耐心听清问题再回答 094

第十七章　职场应酬工作礼仪 . 096

不可只跟老板打招呼 096
不可做绝对服从、照章办事的老好人 097
在职权范围内自主决断 097
切忌越级请示领导 098
认真对待琐碎却必要的工作 098
接受任务时不可嘀嘀咕咕 099
对同事的能力表示信任 100
要懂得适当求助别人 100
与别人共用办公桌时要懂得礼让 ..101
对同事的零食应接受 101
分清工作关系与私交 102
积极参加下班后的同事聚会 102
尽快接待正在等待的客人 103
对同事的客人也要热情接待 104
包容和自己意见不同的人 104
以友好的态度帮助新同事开展工作 ..105
适度承担一些自己职责范围之外的事情 105
主动承担责任 106
尊重勤杂人员 106
对同事的帮助要懂得回报 107
尽量不打扰工作中的同事 108
进出领导办公室要注意细节 108
听上司讲话注意力要集中 109
指正下属的错误宜在私下进行 110

要注意当众维护上司的权威 110
对上司要敢于提出意见 111
切忌升职后马上变脸 112
犯错后主动道歉 112
不摆领导架子 113
在下级面前要以身作则 113
听取下属的合理意见 114
主动与下属沟通 114
不可朝令夕改 115

第十八章　会议礼仪........116

举行露天大型仪式要设休息棚 116
举办展览会要注意展品排列 116
展览会要安排讲解员 117
举办展会要热心向观众讲解 118
参观展会时要注意自己的公众形象 ..118
参加典礼要遵守程序 119
作即席发言时要言语得体 120
参加会议要签到 120
主持活动要注意与会者的情绪变化...121
主持人要尊重嘉宾 121
会上发言要听主持人安排 122

第十九章　应对媒体礼仪....123

开新闻发布会前要准备资料 123
召开新闻发布会要选择合适的场地 ..123
召开新闻发布会切忌请错媒体 124
接受采访时要注意言行举止 125

第二十章　商务与公务礼仪‥126

在接待室等待时要有耐心 ………… 126
和接待人员说话要懂礼貌 ………… 127
谈判时要尊重对手 ………………… 127
选择的会谈人员身份要对等 ……… 128
确定谈判地点时要征求各方意见 … 129
双方签字要讲座次 ………………… 129
懂得处理谈判中的冷场 …………… 130
谈判桌上要保持风度 ……………… 131
公务接待要注意规格 ……………… 131
迎宾前要制定计划 ………………… 132
迎接客人要提前到达 ……………… 132
事先确定合适的接待人员 ………… 133
细心安排礼宾次序 ………………… 134
拍照时要注意排对位次 …………… 134
客人到达后不可马上安排活动 …… 135
参观企业时不可进入非开放场所 … 135

第二十一章　现代科技礼仪‥137

使用邮件要规范 …………………… 137
不可用网络取代面对面交流 ……… 137
发送邮件前要检查 ………………… 138
工作中使用邮件要遵守公司的规定 . 139
在正式场合发送短信也要讲究规范 . 139

第二十二章　送礼礼仪 …… 141

送礼要有合适的理由 ……………… 141
送礼要重档次 ……………………… 142
送礼要根据不同的对象而有所区别 . 142

送礼要讲场合 ……………………… 143
送礼要懂得投其所好 ……………… 143
给病人送礼要考虑对方需要 ……… 144
回礼要看价值 ……………………… 145
不可无故拒收礼品 ………………… 145
受礼后要回礼 ……………………… 146
给孩子送礼物要讲究方法 ………… 146
赠送生日礼物要有所讲究 ………… 147
为结婚纪念日选择适当的礼物 …… 148

第二十三章　宴会礼仪 …… 150

隆重仪典请客要发请帖 …………… 150
写请帖要符合规范 ………………… 151
正式宴请前要沟通 ………………… 151
安排桌次有章法 …………………… 152
安排座次要有规则 ………………… 152
在外宴请要预约 …………………… 153
不能按时赴宴要做出声明 ………… 154
赴家宴要带礼品 …………………… 154
入席后要跟陌生邻座打招呼 ……… 155
切忌对别人点的菜评头论足 ……… 155
不议论账单的数目 ………………… 156
打喷嚏要背转身 …………………… 156
宴会上要使用公筷 ………………… 157
切忌随意劝酒劝菜 ………………… 158
别人敬酒时不可捂酒杯 …………… 158
给领导敬酒时杯沿要低于对方 …… 159
主人或主宾致辞时不可与旁人交谈 . 159

不可随便转桌 160
吃西餐要学会点酒 160
吃西餐不识菜名不可胡乱点 161
在西餐桌上喝酒有度 162
吃西餐要学会用餐具 162
吃西餐不可乱放刀叉 163
吃鱼时不可将鱼翻过去吃另一半 .. 163
吃水果时要注重细节 164
不可在西餐桌上打饱嗝 165
参加西式宴会告辞要看主宾行事 .. 165
坐着喝咖啡时不要连碟一起端 166
咖啡杯碟不可分开放 166
不可用咖啡勺喝咖啡 167
吃自助餐要使用公用餐具 167
吃完自助餐要送回餐具 168
回复宴请的规格要相当 168
在 AA 制聚会上要主动掏钱 169

第二十四章 约会礼仪 170

第一次约会前要做好充分的准备 .. 170
拒绝约会时尽量详细说明理由 171
接你的约会对象 172
约会结束后道晚安 172
在第一次约会结束时约定第二次约会 173
公共场合的情感表露要有所节制 .. 174

第二十五章 婚礼与舞会礼仪 175

参加婚礼不可穿得比新娘还艳 175
参加婚礼穿着不可太朴素 176
在婚礼上与新人开玩笑要有度 176
参加婚礼不可故意出风头 177
舞会上场、下场要守规矩 177
参加正式舞会要穿礼服 178
邀请合适的舞伴 179
邀请舞伴要看时机 179
跳自己熟悉的舞 180
拒绝邀请要说明具体理由 180
跳舞时与舞伴保持适当的距离 181
选舞伴要懂规矩 182
舞曲类型要有变化 182
男士不可拒绝女士的邀舞 183
跳舞结束后不可径自返回 183
邀舞时应谦虚有礼 184

第二十六章 寿礼和葬礼礼仪 185

做寿要遵循年龄规定 185
赠送寿礼要轻重得宜 185
赠送寿联要符合对方的情况 186
寿筵的规模要根据年龄而定 187
饮寿酒、吃寿面要注意规矩 187
以守丧的方式悼念至亲好友 188
对死讯谨慎询问 188
告别遗体时避免带小孩 189
为去世的亲友刊登讣告 189
葬礼的花费要尽量节俭 190
及时向亲朋好友通知死讯 190
对死者的家属表达慰问 191

葬礼主持人要保持严肃、庄重 …… 191
参加葬礼不可穿鲜艳衣服 ………… 192
参加葬礼不可佩戴耀眼的首饰 …… 192
参加葬礼要注意神情举止 ………… 193

第二十七章　孩子养育礼仪 ·· 194
通知怀孕的消息宜缓 ……………… 194
与合适的对象交谈怀孕的细节 …… 195
与他人分享胎动的喜悦要慎重 …… 195
不要给准妈妈讲生孩子时的痛苦过程 196
给孩子和母亲选择合适的礼物 …… 196
为新生儿的庆祝会做好准备 ……… 197
对庆祝会的礼物表示感谢 ………… 198
要妥善处理死产或先天性缺陷 …… 198
拜访新妈妈要选择恰当的时间 …… 199
不可取笑别人家孩子的名字 ……… 200
及时通告孩子的出生 ……………… 201
选择合适的哺乳场所 ……………… 201
不可随意丢弃脏尿布 ……………… 202
在朋友家为孩子更换尿布要注意卫生 202
使用儿童推车要避免妨碍他人 …… 203
礼貌地使用儿童汽车座椅 ………… 203
让孩子学会文明就餐 ……………… 204

第二十八章　校园礼仪 …… 206
出入校门要下车 …………………… 206
对学生的简单问题也要耐心解答 … 206
平等地对待所有的学生 …………… 207
误解学生后要道歉、解释 ………… 208

热情回应学生的问候 ……………… 208
懂得赞美学生 ……………………… 209
尊重其他同事 ……………………… 209
与学生交流要实事求是 …………… 210
见到老师要打招呼 ………………… 210
不是自己的老师也要打招呼 ……… 211
进出老师办公室要有礼貌 ………… 212
尊重实习老师 ……………………… 212
不可当众顶撞师长 ………………… 213
不在背后议论老师私事 …………… 213
不可在课堂上起哄 ………………… 214
不可偷看同学的信件、日记 ……… 214
男女生交往要得宜 ………………… 215
严禁撕毁、涂改学校的公告 ……… 215
不在教学区、宿舍区打球 ………… 216
不可乱倒剩饭剩菜 ………………… 217
住集体宿舍要遵守作息时间 ……… 217
离开寝室、教室前要关灯上锁 …… 218
进实验室要遵守规定 ……………… 218
在图书馆看完书要归位 …………… 219
积极参加集体活动 ………………… 220
参加升旗仪式要严肃 ……………… 220

第二十九章　出行与游览礼仪 221
不可在景点刻字留名 ……………… 221
自觉排队 …………………………… 222
公交车上应主动让座 ……………… 222
不在有人游泳的水域跳水 ………… 223

使用公共游乐设施要照顾别人 223
试衣时应注意不要弄脏衣服 224
住旅店不可大肆浪费 225
禁用旅店的毛巾擦皮鞋 225
不可在公园的长椅上躺卧 226
不可攀爬雕塑、栏杆等禁攀设施 .. 226
携宠物出行要注意避免妨碍他人 .. 227
在景点注意别妨碍他人拍照 228
乘船时晚上慎用手电筒 228
野餐完毕后要清理场地 229
使用公共卫生间要冲马桶 229

第三十章　涉外涉教礼仪 230
不可随意拍摄、录音 230
出境接受服务要付小费 231
与外宾合作时要提供外语资料 231

面对外宾恭敬有度 232
不可随便抚摸外国小孩的头顶 232
接待外宾时要平等对待 233
接待外宾时不可滥用人情 233
与外国人交谈不问年龄和收入 234

第三十一章　世界各地的礼仪　235
不要在加拿大人面前说他们与美国很相似 235
注意英美词汇意义的差异 236
在英国要学会喝下午茶 236
适应欧洲人的饮食习惯 237
避免用不流利的法语与法国人交谈 . 238
在德国称呼人要用正式称谓 238
在东欧和苏联国家要注意礼仪区别 .. 239
在亚洲国家要注意红色和白色的特定含义 239
在日本就餐要遵守他们的饮食习惯 .. 240

第一章

仪容礼仪

Appearance etiquette

塑造一个清新爽朗的形象

生活中有许多人穿脏兮兮、皱巴巴的裤子，有时候还故意在衣服上剪几个洞；男性留络腮胡，女性留爆炸头；头发尽可能地让它乱去，鞋子尽可能地让它破去，手和脸也顺其自然地让它们灰扑扑的，似乎这就是"潇洒"。

这真是大错特错。有的人的形象是经过精心设计的，且通常出现在需要这种装扮的场合。我们常人不修边幅，应该说是对自己的形象不够尊重、对别人的不尊敬。况且我们不可能总出入于摇滚音乐会、舞会、狂欢派对等场合，在大多数时间和场合，还是让自己的形象清新爽朗比较好。

温馨提示：

□ 衣服和鞋脏了要及时清洗、擦拭，衣服破了要及时修补，实在不能穿了要及时扔掉。

丰富自己的表情

许多明星的标志性表情是严肃、冷漠。如果你觉得面无表情就是酷,那你的观点绝对是错的。明星的酷是一种包装策略,是一种风格。目的是用精心设计的"面无表情"来传达多元化的流行信息,塑造令人难忘的演艺形象。

无论别人说什么、做什么,都无视别人的身份和与自己的亲疏关系,一味以"面无表情"来应对,并自诩为"酷",真是太辜负"礼仪"二字了。

温馨提示:
- 路遇熟人、与人见面之初要微笑,与人交谈、争论时表情应缓和。即使有激烈争论,也不要过于冷酷。
- 当众讲话时,表情要随着发言的内容做相应变化,不要一个表情做到底。

笑容要适度

舞台剧和搞笑题材的电影中,夸张的笑容随处可见。我们并没有感到突兀和生硬,反倒觉得如果不这样笑,剧情就无法淋漓尽致地得到展现,人物的个性就难以得到突出。

有人可能想,笑容夸张一些会显得自己更热情、乐观,于是就把"放大"的笑容运用到日常生活里去。打招呼时,边笑边飞速眨眼;见到老熟人或上司,立刻笑得恨不得把嘴巴咧到耳朵后面;别人讲了个大家听过无数次的笑话,其他人都礼貌地呵呵一笑,他却哈哈大笑,甚至捶胸顿足。

在日常生活中,夸张的笑容只能使你显得虚伪。笑,这种美好的表情,只有适度,才能真正发挥其礼仪效果。

温馨提示:
- 笑的时候,露出上排八颗牙齿即可。

□ 笑的时候，声音不要刺耳、拖长，和自己平时说话的音量相当即可。
□ 笑的时候，身体不要前仰后合，做出上气不接下气的样子，除非别人的笑话真的有这种威力。
□ 头发脏了要及时洗，长了要及时理，乱了要及时梳。
□ 勤洗澡、勤换衣，保持身体和服饰的清洁自然是非常重要的。

以真实的笑容对人

俗话说得好："伸手不打笑脸人。"但当你看到皮笑肉不笑的笑容时，想必有时候很想狠狠抽这张脸的主人一耳光。去不规范的饭店吃饭、遇到上门推销劣质化妆品的非法商贩、心虚的人费尽心思为自己的过错进行辩解、想投机的人前来行贿……我们经常能见到这种虚假的笑容。这样的笑看起来僵硬而缺少真情，令人感到不自在。

当你笑不出来的时候，宁可不笑，也不要让面具一样的微笑挂在脸上。不真诚的笑容非但不能表达敬意，反倒会令礼貌失去意义。

温馨提示：
□ 微笑时不要生硬地去挤脸部肌肉，不仅要做到脸笑，更要发自内心地露出愉悦的表情。
□ 微笑的同时，言行要热情、尊重他人。

根据场合选择适合的发型

发型是不能想怎么做就怎么做的，如果发型不适合你所在的场合，就不能体现你的内涵和修养，甚至还会对你所在的场合气氛等各方面起到负面作用。谁说发型和礼仪无关呢？

参加婚礼时做的发型比新娘还抢眼,会有捣乱之嫌;出席国际会议时做更适合舞台剧的古怪发型,会严重影响你的口碑;在狂欢晚会上出现时顶着过于普通的发型,则会让你在众人眼中成为一个准备不足的人。你的发型显示着你的素养、你的品位。很多发型虽看起来漂亮,却并不适合你。

温馨提示:
☐ 出席会议等严肃场合,发型适宜端庄保守。
☐ 出席休闲娱乐活动,发型应相对新颖活泼。
☐ 出席任何场合,都应事先熟悉其氛围和性质以及对仪表、礼仪的要求。
☐ 发型要与年龄相匹配
☐ 一个正上中学的女生烫着大波浪;一个年过30的女性梳着一翘一翘的小辫子;
一个中年男性留着在年轻人中流行的寸头,在额前留几根刘海,并将其染成炫亮的金色。无论从外表上给别人的印象,还是从尊重别人的角度,这样做都是错误的。
☐ 发型与年龄不相称,会使人觉得你是在故作老成或"装嫩",是不能清楚地认识自己、不能准确为自己定位的表现。
☐ 发型与年龄不配,即使发型很美观,也会让人见笑。

温馨提示:
☐ 年轻人的发型适宜清新、阳光、时尚、有个性的风格。
☐ 中年人的发型适宜干净利落、稳重大方、有职业感的风格,头发不宜过长。
☐ 老年人的发型应体现出稳重感,并适当显得年轻。
☐ 发型要与职业相匹配
☐ 不同的职业,人们的发型特点不同,我们甚至能从一个人的发型大致判断出他的职业。
☐ 餐饮服务业的女性,多半是高马尾或盘发;专业理发师的发型通常会与众不同。男性军人中,我们还没看到过有谁留长发。然而服装模特、车模等职业女性,发型以长发居多。教师职业虽然没有规定女性不准留长发,但留或短或长的爆炸头则是不符合从教标准的。

□ 发型不符合职业形象,不与职业合拍,这个人就会显得另类、缺乏合作精神,有桀骜不驯、不懂规矩之嫌。

温馨提示:
□ 运动员、车间工人、厨师、露天作业的人,可以选择短发。
□ 演艺界、艺术界的人士发型可以经常变换,从而突出个性、引领潮流。
□ 公务员、白领、服务人员的发型不宜夸张,男性不宜留长发,女性不宜留披肩发。
□ 发型要与服饰相匹配。
□ 穿笔挺的西装,却留朋克头;穿端庄的旗袍,却留披肩的大波浪;戴着耀眼的耳环,却用长发将其遮得显不出来……出席晚会、宴会等各种交际场合时,我们会留意到,上述打扮的那些人很容易受到冷落,因为他们的发型与服饰不相配,外表给人以不和谐、不舒服的感觉。这样的装束出现在众人面前是一大错误。
□ 发型不配服饰,款式再新颖的服饰都无法现出应有的光彩。当你无法以一个整体和谐的形象出现在别人面前时,这本身就是对别人的不敬,你自然也难以在短时间内赢得别人的欣赏。

温馨提示:
□ 男性穿西服时,适合留有绅士味道的短发,而不适合留有摇滚味道的乱发、长发、彩发。
□ 女性穿旗袍时,适合盘发,不宜留马尾和披肩发。
□ 穿礼服时,男性和女性的发型都应以端庄、保守为基本准则。

女性出席正式场合必须化妆

"素面朝天"是一种姿态,也是一种风格,代表着朴素和真实。但对于面部有明显瑕疵且要参加大型活动的女性来说,不化妆就出席是一种错误。

女性出席正式场合一般都要穿正式的套装或礼服,搭配质地精良的首饰、合适的发型。

如果女性出席正式场合而不化妆,会使其在所有的参加者中黯然失色,且与环境极不相称。恐怕连她自己环视众人后,也会为自己没有精心打扮而后悔。

温馨提示:
- 出席白天的大型活动时,女性化妆要自然,以淡雅为佳。
- 出席夜晚的活动时,妆容可以浓艳一些。
- 女性出席正式场合时化妆,总的原则是必须符合本人气质和所参加活动的性质。
- 化妆要与年龄相称
- 化妆而不考虑自己的年龄是不对的,这样不仅不美,还涉及待人接物时的礼仪问题。
- 化妆不符合年龄,容易分散别人的注意力,使对方不自觉地将目光更多地投入到你的古怪妆容上,从而对你的社交乃至人际关系起到负面作用。
- 30岁的女性不能学20岁的女孩化粉嫩妆容,20岁的女孩更没有必要效仿中年女性化浓艳的妆容。化妆的目的是扬长避短,如果执意无视年龄而化妆,则很难恰当地展示自我的风貌,反而可能惹出笑话。

温馨提示:
- 少男少女除了演出等特定场合外,应尽量保持自然的容貌,不宜化妆。
- 年轻女性适合化有透明感的自然淡妆。
- 中老年人可以化稍浓的妆,但不宜使用色彩鲜艳的彩妆。
- 化妆要与个性相符

□ 化妆除了应该符合年龄、肤色等因素，还应该符合个性。
□ 温柔优雅、行事稳重的女性化艳丽的浓妆，给人的感觉像戴了一张面具。同样，个性泼辣、风风火火的女性化清淡的妆容，难免让人觉得是"假扮淑女"。化妆不符合个性，对私人交往与工作环境中的交往都难以起到积极作用。化妆必须符合本人的个性才可以。

温馨提示：
□ 性格豪爽的人，适合化线条简洁明朗的妆，以突出干练而智慧的特点。
□ 性情温柔的人，适合化淡雅柔和的妆，可展现稳重大方的特点。
□ 性格活泼、喜好运动的人适合化暖色调为主、亮丽的妆，以突出亲和力。
□ 化妆要与职业相称
□ "淡妆上岗"是很多职业对女性员工的要求。淡妆既达到了修饰自己的目的，又避免妆痕太明显而影响工作中的人际交往，是一种恰到好处的礼貌。然而相当一部分女性"坚持自我"，让别人一眼就能被她的妆容吸引住——当然是不合适的妆容。
□ 教师、销售人员、医生等工作者化浓艳的妆容，会让别人质疑其工作态度和能力；晚会主持人化过于清淡的妆容，会让人疑心其心情不好，或者其他方面出了什么变故。化妆不合职业要求，就是对自己工作的不负责。

温馨提示：
□ 职业为服务业的人应该化淡妆。
□ 在娱乐场所就职的人可以适当化浓妆。
□ 无论什么职业，化妆都应遵循职业要求。

妆容要与服饰相协调

化妆不与服饰相协调，也是不合格的。
穿一身华贵的粉色真丝礼服，却涂了深棕色的唇膏和眼影，这会让你的妆容与服装的色彩严重冲突；佩戴贵重的黄金首饰，却化显得很"居家"的淡妆，这会让人怀疑你首饰的真假；穿着休闲装逛街，却化了很浓的妆，这会让人觉得你的整个外表很怪异。

妆容与服饰不协调，就无法体现出整体的和谐；带着与服饰风格迥异的妆容与别人交往，会给人以难以接近、缺乏共同语言的感觉。

温馨提示：
□ 穿居家服、运动衣，饰物少而简单时，适合化淡妆。
□ 穿工作服，佩戴简单而精致的饰物时，适合化职业妆。
□ 穿礼服、西服，佩戴华丽贵重的饰物时，适合化色彩明艳的浓妆。

根据场合选择化妆

化妆只想到适合自己，却不去想是否符合场合，是不合礼仪的。

星光璀璨的眼影、彩色的睫毛膏、猩红的唇膏、多彩的水钻亮片，将这些只能在迪厅等场合使用的化妆品用到工作中的银行职员身上，用到政府办公人员身上，必定会引起哗然；反之，化上清淡素净的办公室妆容参加服装发布会、狂欢晚会，一定也会被人视为另类。

妆容符合场合既是对在场者的尊重，也是对自己的尊严、形象、品位和亲和力的肯定。在办公室里，清淡的色彩、若有似无的妆容才受欢迎。约会恋人时，妆容甜美、展现出温柔一面才算成功。

温馨提示：
□ 在家中接待客人、日常生活中拜访友人、外出旅游时，适合化亲切自然的淡妆。
□ 在工作场合，适合化清新大方、体现职业色彩的淡妆。
□ 参加正式的舞会或宴会，适合化浓妆。参加严肃的场合如葬礼，化妆应尽可能地素淡，唇膏和眼影都要涂暗色的。

第一章 仪容礼仪 |009

女性化妆时要顾及脖子和耳朵

提到化妆，人们很少想到脖子和耳朵。

女性脸色粉白却暴露着黑黄的脖子，难免令人反胃。脸上涂化得白里透红，脖子也涂得和脸部色泽一致，但暗淡的耳朵一定会点破你"天生美肤"的谎言。肤色不匀却不注意在化妆时照顾脖子和耳朵，一方面会显得"脏"，另一方面会显得你不细心、抱有侥幸心理。

女性化妆，一定不要忽视了"边边角角"的阵地。

温馨提示：

□ 在脸上涂粉底之后，一定要同样给脖子施粉，力求颜色均匀、与面部色泽一致。
□ 要随时注意耳朵上是否有皮屑、耳垢，一定要及时清理。
□ 化妆时应在耳郭和耳垂上涂适量胭脂。

喷洒香水要适量

香水的味道可以改变一个人的形象。但如果香水用过了量，它对人的形象所起的作用，将不是美化，而是丑化。

在社交场合使用过多香水，别人会尽可能地与你拉开距离。在餐桌上使用过量的香水，会使就餐气氛受到破坏，引发"公愤"。在办公室、会议室、谈判室等严肃场合过量使用香水，会令别人质疑你的专业素质和专业精神。喷洒过量的香水乘坐轿车、乘电梯、挤公交车，香水很容易与狭窄空间里的汗味等其他气味混合，从而形成难闻的气味，令人避之不及。

在任何时候使用过多的香水，都会让人觉得你不够谦虚谨慎，容易给人以太过炫耀自我的感觉。

温馨提示：
□ 判断香水是否过量的标准是它的气味会不会散发到两米以外。
□ 使用的香水应该与你所在场合的气氛相符。应使用化学成分较少的名牌香水。
□ 与对香水过敏的人接触时，最好不使用香水。

仪容要与言行相配

在大街上走着一个衣饰精致、妆容雅致的女孩，路人正暗自赞叹她的美丽优雅，不料她一张口就吐出一串脏字；某明星的仪容堪称典雅，但对提出一个棘手问题的记者大动肝火，接连做出威胁和鄙视的动作。这样的人，是不是辜负了自己的一身打扮？

如果你的仪容是"贵族"级别，言行举止却是"小市民"级别，在工作场合，你将难以获得重要的工作和职位；在社交场合，你不仅难以得到新朋友，连老朋友也可能失去。

温馨提示：
□ 在任何时候面对别人，都不应当吐脏字，说粗俗不堪的话，开恶俗的玩笑。
□ 穿庄重的礼服时，行为举止一定

第一章 仪容礼仪 |011

要端庄大方，避免挖鼻孔、随地吐痰等不雅的行为。
□任何时候，都应当善待自己的妆容和服饰，不要随处乱坐，拿袖子当抹布或者将手机、打火机等拿在手中把玩不止。

女性穿衣服要松紧适宜

仪表美是礼仪的重要方面。衣服上露出内衣的线条，使身体呈现出令人惊讶的"沟沟坎坎"，不能说是符合礼仪的行为。

穿成肉粽的你，如果身份是服装行业的业务员，联系业务时，对方一定会怀疑你所在单位"审美"的眼光和"创造美"的能力；如果做报告，台下的听众一定在看到你的第一眼就否定了你的内涵和实力；如果你身为一名教师，讲课期间，学生们大概会把注意力更多地放在研究你内衣的款式和形状上。

温馨提示：
□女性在任何时候和任何场合都不要穿会在身上勒出痕迹的内衣，型号适中才好。
□女性不要穿过紧的贴身裤子、外套、窄裙。
□大一号的衣服或者款式较为宽松的外衣可以弥补身体赘肉明显突出的缺点。

温馨提示：
□穿用品质好、保险系数较高、不易变形和移位的内衣。
□整理内衣之前，先找到卫生间或能暂时独处的场所。
□出门前，先检查内衣有无松动、脱线、脱钩等问题，不给它们以在公众场合出现的机会。注意保持正确姿势，也能防止内衣移位。

第二章

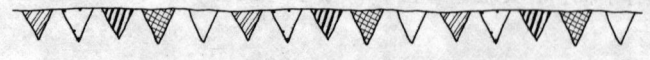

仪态礼仪

Manners and etiquette

女性落座应双腿并拢

男性张腿而坐无可厚非,因为这种坐姿使男性显得很有气势、很自信、很豪迈。女性张腿而坐,就是大大的不雅了。

女性穿裤装时张腿而坐,容易给人以倨傲张狂的印象,面对长者张腿而坐是藐视,面对异性张腿而坐是暧昧的暗示,面对晚辈张腿而坐,长辈的威严尽失。女性穿短裙时张腿而坐容易露出内裤、长筒丝袜的袜口和大腿,有损形象。女性公务员、商务代表在公众场合如此就座,连同自己单位的面子都会丢掉。

温馨提示:

▫ 女性落座时,不要紧靠椅背而坐,背部与椅背之间应至少有一拳的距离,上身要端正,背要挺直。

▫ 女性落座时,两腿应紧并,两膝相抵并拢。双腿也可叠放,但是不能把脚尖翘起来，更不能冲着别人。
- 女性落座时，不要把手夹放在两腿之间，也不要搓弄衣角，自然叠放在膝盖上即可。

落座时只坐椅子前端的2/3

自己就座时把整张椅子都坐满，也许这样很舒服，但却是不合适的。

把椅子坐满的话，身体必然是紧靠椅背的，并且稍微后仰，这种姿势看起来很慵懒，也显得有点自负。如果接待客人时这样坐，客人会因为感到受了轻慢而不快；做客时这样坐，主人会因为你的过于随便而感到不快；招聘时这样坐，你可能会把一个很优秀的人才气走；参加面试时这样坐，你可能会被一个很难得的老板"判处死刑"。

在家里独处，或与很熟悉的亲朋私下交谈，坐满椅子不算失礼。但面对不太熟悉的人，或者身处公共场合、工作场合、社交场合时坐满椅子，既是对他人的不敬，也是对自己形象的不负责。

温馨提示：
- 面对客人、主人，或在较为正式的场合，坐椅子前端的2/3即可。
- 半躺半坐、身子歪斜、身体大幅度前倾，双腿乱抖，也都是不雅的坐姿。
- 坐在椅子上时，不要把脚架在椅子扶手上或用力向下、向后缩在椅子下面。

走路昂首挺胸

走路不抬头的人，他是因为思索呢，还是因为心中有愧，或者是因为疾病？无论什么原因，低头走路都是不合礼仪的。

走路的时候不抬头，就不能看到前方，只能根据脚下的情况前进。这样一来，很容易走错方向或妨碍别人。低头走路会给人一种不自信的印象，如果你在招聘人员的注视下低着头走进面试考场，主考官一定不会优先考虑你。低头走路还容易使认识你的人误解你的动机，当你和一个低头走路的熟人相遇，是不是会很自然地疑心他是故意不想和你打招呼呢？

　　走路不抬头，如果再加上步伐迟缓，则越发有损仪态。

温馨提示：

□ 走路时应昂首挺胸，自然地抬头，但不要傲慢地扬着下巴。
□ 走路时表情要自然、从容。
□ 走路时跳着走也是不合礼仪的。

走路姿态要适应场合

　　行走姿态是判断一个人的仪态是否优雅大方的重要标准，仅走姿美还不够，同时适应场合才算过关。

　　举行婚礼时，新人迈着军人式的正步走上红地毯，其情其景一定让人感到滑稽；T台上的时装模特展示服装时迈着在公园里散步时才用的慢步，一定给人很不专业的感觉；反之，一对在公园散步的老人迈着猫步，别人一定会觉得很别扭；晚会主持人上台，如果走姿沉重、拖沓，人们对这台晚会的评价一定会迅速降低。

　　人们在不同环境里的走姿必须能够"融入环境"才合乎礼仪。

温馨提示：

□ 参加宴会、典礼时，走路要昂扬自信，步伐轻捷端庄。
□ 参加葬礼时，走路要沉痛缓慢，体现出对逝者的尊重和哀思。
□ 参加私人聚会、散步游览时，走路要从容悠闲，宜慢不宜急。

第三章

服饰礼仪
Dress etiquette

穿着要符合场合

出入不同的场合应该遵循相应的规则。在着装方面，不同场合一样有其规则。

在对着装要求严格的写字楼里办公时穿休闲装，是在向别人暗示自己厌倦工作，公然蔑视公司规定；在盛大的晚会上穿牛仔服、职业装，是在表示自己对晚会和参加者的轻视；代表公司参加展销会时穿质量低劣的衣服，无异于向别人声明：我们的产品质量像我们的衣服一样不过关。

穿着不符合社交场合，就无法很好地融入其中并赢得其他人的好感，不利于顺利展开交往。

温馨提示：
☐ 出席严肃场合，着装要庄重大方、中规中矩。
☐ 出席休闲、娱乐场合，可以穿得活泼多样。
☐ 着装除了要看场合，还要看档次和规模。

穿着的衣服要干净整洁

服装的整洁程度暗示着一个人处理问题的能力和态度,如果你任由污渍在自己的衣服上停留,你的内在就无法在短时间内得到别人的认可。

衣服上有明显污渍,第一,会给人造成不修边幅、不够自重的印象;第二,会让人觉得你办事拖拉,不能胜任重要任务;第三,会让人觉得你对人对事都不够认真负责;第四,穿有明显污渍的衣服说明你对面前的人不够尊敬。

穿污迹斑斑的衣服不能说明你勤奋,相反会显得你懒惰。

温馨提示:
- 衣服一定要勤换勤洗,如果衣服上祛除不掉的污渍非常明显,你应考虑扔掉。
- 衣服沾染了污迹应马上处理。
- 出席重要活动或进行短期出差和旅行前一定要备好换洗的衣服。

穿西服不可配便鞋

一身款式和颜色适宜的西装能让人看起来精神焕发、风度翩翩,但如果为西服配一双便鞋,即使它是世界名牌,也会使你显得不伦不类。

穿西服时,只有严格按照相应的标准搭配,才能体现出仪表上的礼仪。作为接待人员,穿着西装和便鞋迎接宾客,对方理所当然地会认为你不尊重他们;作为贵宾,穿着西装和便鞋接受同行单位的款待,东道主一定会认为你不重视对方,或者疑心自己什么时候曾经得罪了你;访问欧美国家的商人穿着西装和便鞋,不单遭人诟病,还会给国人丢脸。

温馨提示：

□ 穿西装时，不能穿塑料鞋、旅游鞋、布鞋、拖鞋。
□ 穿西装时，不能穿款式新潮怪异的皮鞋，比如大头皮鞋和鞋尖过长的时装鞋。
□ 穿西装时，首选款式是系带皮鞋，首选颜色是黑色。

穿西装要讲究搭配

很多人穿衣不讲搭配，单看西装、衬衫、领带、皮鞋都很得体，穿到一起却给人一种大杂烩的感觉，不仅视觉上令人眼花缭乱，心理上也会令人感觉不舒服。

高级毛料西装配化纤领带，西装的高贵顿时被劣质领带所抵消，你的身份也会同时被领带所贬低；黑色西装搭配黄色皮鞋，必然让你被高级社交场所拒之门外；正装西装搭配一件休闲的花衬衣和牛仔风格的皮带，无论参加正式活动还是参加娱乐活动都不成体统。

服装的质料、颜色、款式以及皮包、手表、腰带等配饰的风格都搭配得和谐、合理，才不算失礼。

温馨提示：

□ 西装的质地以毛料为宜，衬衣的质料以纯棉为宜，领带的质地以丝绸为宜。
□ 穿深色西装时要穿颜色和西装接近的袜子。除非穿白色西装，否则不要穿白色袜子。
□ 西装、衬衣、领带、皮鞋的颜色应该属于同一个色系，全身上下的颜色应该不超过3种。

穿西装必须打领带

在正式场合穿西装不打领带，也许有的人认为这样会显得轻松、随和，事实上这是很失礼的行为。

法官在法庭上穿西装不打领带，是不尊重法庭和出庭人员的行为；司仪在主持婚礼时穿西装不打领带，是对新人的侮辱；出席高级会议穿西装不打领带，是无知、无视规则的行为。即使在非正式场合，穿正式的西装而不打领带也不算会穿西装。

温馨提示：
- 如果你参加的是娱乐界的典礼，穿的是休闲西装或时装款的西装，可以不打领带。
- 领带的质地以丝质为最佳，图案可选小的点状、斜条纹状、素色等。除非是穿制服，原则上不要使用领带夹。
- 领带的长度以领带尖不触及腰带为宜，宽度以西装衣领的宽度为参照。

系领带要讲究章法

出席正式场合胡乱将领带系上，不讲章法，势必会引起别人的侧目和不满。

领带的系法从细节上体现出你对所在场合规则的了解和重视程度，也显示出你是否见过世面，是否有涵养、风度，是否对自己重视、有信心。领带系得太"自我"，虽然可以认为是潇洒，但更容易给人以爱出风头、哗众取宠的印象。如果你领带系得太随便，很不美观，则会显得邋遢，无论是出席正式场合还是普通的

社交场合,都是会遭到诟病的。

系领带不考虑场合和所穿服装的款式,还是无知和顽固的表现。

温馨提示:
☐ 公务、商务场合常用的领带系法有温莎结、平结、四手结等。
☐ 穿燕尾服时,应系蝴蝶式领结。
☐ 穿休闲式衬衣时,可以使用风格多样的其他系法,以使服装整体显得活泼。

女性穿套装不可配露趾凉鞋

露趾凉鞋虽时尚,却不是配任何裙子时都能穿的。

女性穿的套装也包括工作场所穿的制服。穿套装的场合一般是办公室、各种正式会晤等,氛围比较严肃。露趾凉鞋的休闲意味比较浓,如果搭配套装,第一会使女性的形象显得突兀、不雅,使所在场合的庄重色彩减弱;第二,露趾凉鞋会凸现女性的性别色彩,从而使自己的职业身份被掩盖,容易使女性受到别人的轻视;第三是违背一般正式场合的着装规则,给人一种以自我为中心和轻佻的印象。

露脚跟的凉鞋也上不得正式场合的台面,坚决不能配套装穿。

温馨提示:
☐ 女性穿套装时,应该穿中跟或高跟的皮质船鞋。
☐ 在公务或商务场合,女性的皮鞋应该以暗色为主,如黑色、暗红色、深褐色,并且要与套装颜色相配。
☐ 穿套装时所配的皮鞋款式应尽可能地简洁,不要有耀眼零碎的彩色亮片等装饰。

女性穿套裙要配长袜

女性穿套裙时穿短袜，其形象就是人们俗称的"三截腿"，是正式场合和社交场合都很忌讳的着装误区。

女性穿套装时应保持形象的整体统一、和谐，穿短袜会使人显得平庸而不够干练。同时，穿短袜配套裙会让别人质疑女性的素质和修养，更不要说欣赏她的气质了。即使这样穿的女性姿态优雅，别人也会以为她是"装出来的"。这样穿的女性如果代表本单位与格外重视着装礼仪的欧美国家交往，则任务一定很难完成。

中筒袜一样会使腿露出一部分，也不能配短裙穿。

温馨提示：
☐ 女性穿套裙时应该穿长筒袜或连裤袜，最好是肉色、净面。
☐ 短袜只适合穿长裤时穿。
☐ 配套裙时，不能穿图案夸张、有明显的金银线的长袜。

女性在商务场合应穿高跟鞋

在商务场合，女性应该穿得庄重保守，但这并不代表女性可以穿有居家味道的平底鞋。

随便穿双平底鞋上阵，不是明智之举。穿平底鞋，第一会使职业套装失色，第二会使女性显得不出色。如果一个女性高管穿平底鞋主持动员会，员工们会觉得她底气不足；如果一个女秘书陪上司谈业务穿平底鞋，对方会认为女秘书所在的公司不规范。

女性在商务场合千万不要穿平底鞋。

温馨提示：
☐ 平底鞋只适合在休闲场合、配休闲风格的服装穿。
☐ 女性在商务场合应该穿3～4厘米高鞋跟的高跟鞋。
☐ 鞋跟超过7厘米的高跟鞋不应在商务场合、办公场合出现。

穿深色西装应配深色袜子

深色衣服配白袜子，尤其是黑白配，从中国传统审美而言的确很经典。但现在，穿深色西装、黑色正式皮鞋配白色袜子出席正式场合会被人讥讽为"驴蹄"。

穿衣打扮是私人的事，任何人都不会强制要求你必须怎么穿。但无论穿成什么样，别人都会根据你的着装为你划分"国界"。国际商务界中公认：穿深色衣服和鞋子配白袜子是失礼之举。如果你穿深色衣服配白袜子去跟国际知名的企业谈合作事宜，你的白袜子首先就会在你和对方之间划了一条"三八线"，结果以失败告终一点儿都不会令人意外。

色彩太艳的花袜子也不能穿。

温馨提示：
☐ 白色袜子只能配白色西装、运动装和运动鞋穿。
☐ 应穿棉质袜子，避免穿不吸汗的尼龙袜子。
☐ 袜子的颜色应该与衣服相近或比衣服的颜色深。

服装颜色要与自身条件与周围环境相协调

服装的颜色或过于沉重，或过于素气，或过于艳丽，都是不讨巧的。

很多衣服款式很好，摆在橱窗里看起来很吸引人，但它不一定适合你的肤色、眼睛的颜色。也许你穿上它反倒比穿普通的旧衣服效果还差；也许因为它的少见，你必须再专门买一大堆衣服来配它。穿一件色彩格外沉闷的衣服主持气氛活跃的晚会，相信参加的人们既会对你能否胜任主持人产生怀疑，也会对这台晚会能否成功产生怀疑。

颜色不合适的服装会损害你的形象，影响你的心情，更影响别人对你的看法和心情，阻碍你和别人的交往。

温馨提示：
☐ 服装的颜色应该与肤色、季节及工作环境、所处场合相配。
☐ 服装的颜色不要太刺眼或显"脏"。
☐ 每两种颜色放在一起看，应该不显得突兀和浑浊。

配饰要讲究品位

塑料手镯、样式笨重的镀金胸针，诸如此类的配饰都是没有品位的体现。佩戴这样的配饰是错误的行为。

一个戴劣质配饰的人，会让人觉得不诚实；一个戴样式夸张配饰的人，会让人觉得不稳妥；一个戴陈旧、有瑕疵的配饰的人，会让人觉得思考问题、办事不周全；一个戴色彩杂乱配饰的人，会让人觉得浮躁。如果你展现出的形象"级别"很低，那些"级别"较高的人们自然会觉得你不适合与其交往。

如果配饰没有品位，则无法起到积极作用，还不如不戴。

温馨提示：

□配饰的选择标准是质优、精致、简洁。
□配饰的佩戴法则是少而有特色。
□配饰的色彩要求是同色。
□材质精、设计美的袖扣才能起到应有的作用。
□首饰可以成套戴，但不应该超过3种，每种不应该超过两件。
□女性佩戴的饰品应该保证同质同色。

第四章

寒暄礼仪

An etiquette

和人打招呼时不能把手插在口袋里

把手插在口袋里打招呼,是轻视别人的表现,是不提倡的。

手插在口袋里和人打招呼时,除了使用语言,就只能使用眼神和头部动作。试想:一个人傲慢地冲你微笑一下,然后点几下头,如此招呼是不是很令你失望呢?没有人愿意理会不尊重自己的人。看似无关紧要的动作,实际上已给别人留下了不懂礼貌的印象。

温馨提示:

▫ 打招呼时应把插在口袋里的手拿出来。

▫ 打招呼时,可以将一只胳膊举起,掌心向外,左右摇晃手掌。你也可以小幅度、有规律地上下屈伸手指,手势要自然。如果是久违的朋友,你可以举起双手,用力挥舞向对方表示招呼。

▫ 如果你正在吸烟或吃东西,打招呼时,应该把烟从嘴上拿下来,把食物吃完再说话。

打招呼时要看着对方的眼睛

眼睛是最能传情达意的器官，目光是人际交往中最重要的交流媒介之一。健全的人如果没有眼神的交流，成功的交际就无从谈起。

打招呼时不看对方的眼睛，首先会让对方怀疑你是不是在跟自己打招呼；紧接着，对方又会怀疑你的诚意——你是害怕我，还是讨厌我？还是看不起我，不屑与我打招呼？再怀疑下去，就涉及你的心理问题了，对方就会想：你是不是内心有什么事情呢？你是不是不够自信？

打招呼时不看对方的眼睛，就无法让对方感受到尊重。看着别人的眼睛说话才不失礼仪，打招呼时看着对方的眼睛，这个招呼才算得体。

温馨提示：
☐ 打招呼的同时要看着对方的眼睛，如果不习惯看别人的眼睛，看对方眉毛之间、额头、鼻梁也可。
☐ 打招呼时，态度要热情大方，说话要吐字清晰。
☐ 打招呼时，目光不要游移不定，不停地四处逡巡，也不要目不转睛地盯着对方。

不可用碰触他人身体的方式打招呼

见到别人时用碰触他人身体的方式打招呼，这不见得是个好习惯。

见到好友，猛地在背后拍对方的肩膀打招呼，你会惊吓到对方；见到领导，殷勤地用肩膀碰碰对方的肩膀，对方会觉得你态度谄媚，并且行为已经"过界"；见到女性熟人，面带笑容地用手指捅捅对方的胳膊或拽拽对方的头发打招呼，对方会觉得你行为暧昧、惹人猜疑。

这样打招呼看似亲密，其实很容易引起被接触者和旁观者的反感。这种行为是对他人尊严和身体的冒犯，容易给人留下没教养、没规矩的印象，如果引起误解，更是有理说不清。

温馨提示：
□ 对于自己不熟悉的人，应避免用身体碰触对方。
□ 对于异性，应避免用碰触对方身体的方式表示问候。
□ 对于长辈和领导，应避免使用碰触对方身体的方式打招呼。

寒暄要适可而止

寒暄是我们日常见面最平常且简单不过的礼仪，彼此微笑一下，互相说一声"你好"，几秒钟时间已足够。如果你寒暄起来无休无止，问候过"你好"，紧接着又问"你父母好吗""你家的宠物好吗"……必定会让人不胜其烦。

寒暄的作用就是打招呼，表示双方看到彼此了。寒暄的内容无非就是问候彼此，谈谈天气。关系好一点儿的，询问对方最近有何事由、家里亲人如何等等，通常不会有实质性内容。无论你与对方关系如何，如果把寒暄变成"废话联播"，你的礼貌就变成了对方的负担。换言之，如果你在路边或门口看到两个人伫立着喋喋不休地寒暄，想必一定会感到很滑稽。如果他们的声音很大，你就会为自己受到了干扰而不开心。

寒暄，还是适可而止的好。

温馨提示：
□ 如果你们以寒暄为切入点，准备开始一场正式的沟通，那么赶快换个地方，以免隐私泄露。
□ 如果是许久不见的人，你可以多说几句，但最好不要超过3分钟。
□ 如果你和对方关系一般，不要询问实质性问题，如询问对方身体是不是不好。
□ 如果对方很匆忙，不要刻意地一定要和对方寒暄，招招手、点点头即可。

第五章

称呼礼仪
Call the etiquette

在职场上对别人称呼要恰当

在职场上使用不当的称呼是不礼貌的。

初入职场，跟着别人叫同事为"小王"，其实他比你大两岁且资格很老，你这种"自来熟"的称呼一定会令对方不悦。在公司总结会上，莽撞地以私下的叫法"小王"来称呼王总监，这对于王总监本人和你所处的场合来说都是不尊重的。同事已经换了部门了，你却还用对方原来的职务称呼他，如果对方提升了，他会认为你嫉妒他；如果对方降职了，他会认为你挖苦他。

由此看来，在职场上称呼别人不单是凭自己的经验就能让对方满意、让大家满意的，你必须综合考虑自己的身份、工龄、与别人的关系等各个方面，这样才不会出错。

温馨提示：

☐ 在正式场合可按对方的职务以姓相称，如"某教授""某主任"等，在特别正式的场合应以对方的全名加职务相称。

☐ 在对称呼有特定习惯的单位，应按照惯例称呼别人，比如在一些外企中彼此直呼其名。

☐ 不要随便使用自创的绰号称呼同事，如果绰号不雅或含有戏弄意味更不能使用。

称呼别人时要注意自己的声音

称呼别人时，自己的声音很重要，随随便便的话，即使好心也无法体现。

在颁奖晚会上和获奖者打招呼，称呼对方时声调夸张，对方会以为你不是在祝贺他而是在嫉妒他、奚落他；在公司楼道里称呼比自己职务低的同事时语调透出尖刻，对方会以为你看不起他；在涉外场合称呼外宾时声音过于甜腻，对方会以为你虚伪而谄媚。自己心情不好时称呼别人带上抱怨的语气，别人会以为你对他有意见；自己兴高采烈时称呼一个刚遭遇不幸的人，对方会以为你幸灾乐祸。

声音也有表情，我们不能让声音使礼仪失去效用。

温馨提示：
□ 称呼别人时，音量要适中，声调应和缓、热情洋溢。
□ 称呼别人时，表情和姿态要大方、从容。
□ 在同一个场合分别称呼同时在场的几个人时，声调、语气和音量不要有明显的变化，以免别人误解。

称呼别人要尊重个人习惯

称呼别人不尊重别人的个人习惯是不礼貌的。

有的人更认可别人叫他的英文名字，你固执叫他中文名，他会感到你固执、粗俗；有的人不喜欢别人在他姓名前加个"老"字，甚至不喜欢比他稍小的人叫"哥"，你如果犯忌，会被他认为是挑衅；有的人喜欢别人对他以职务相称，你觉得邻里之间无须那般，却不知直呼其名的同时已经冒犯了他。

称呼该如何叫，就像一个人有特殊的爱好，千万不要无视主人的喜好和习惯而乱用称呼。

温馨提示：

□ 称呼某人之前，应先听听别人是怎么称呼的，同时听听关系不同的人如何称呼他。

□ 如果某人明确告诉你不要叫他什么，你一定不要叫他什么。

□ 如果不知道别人喜欢怎样的称呼，你可以主动询问。

第六章

握手礼仪

Handshake etiquette

握手的时间不可太长

遇到多年不见的老相识，握住对方的手就不放；看到自己崇拜的偶像，握住对方的手久久不舍得放开。你这样做也许自以为热情有加，在对方和别人看来却很不礼貌。

握住异性的手长时间不放，会令对方感到自己受到骚扰；即使握住好朋友的手长时间不放，也会令对方心烦。如果你握手的对象有事需要马上去做，或者他周围还有许多人等着和他握手，你这样做便是浪费大家的时间。

不要握着别人的手不放，除非是在私下场合，并且对方乐意这样做。否则，一般情况下握手要避免时间过长。

温馨提示：

☐ 握手持续3秒钟左右就要及时放下。

☐ 握手的同时应该露出热情和友好的表情。

☐ 握手的同时不要发表太多客套话，也不要显得太殷勤、卑躬屈膝。

握手的时候应让女士先伸手

握手是表示友好和问候的一种方式,那是否谁先伸手就表示谁更礼貌呢?不一定,如果男士先伸手就是不礼貌的。

在公共场合,如果女性并不打算认识陌生男士,男士先伸手就是为难女性;在社交场合,如果男士先伸手,会给对方留下强势、自大、倨傲的印象;在公务和商务场合,男士先伸手与身份较高的女性握手,对方会觉得你"不知道天高地厚"。

握手时,男性一定要看清情况再伸手,不能贸然先于女性主动伸手。

温馨提示:
- 在社交场合,握手时应由女士先伸手;在公务和商务场合,则应根据职务和身份高低确定谁该先伸手。
- 握手的原则是尊者先伸手,即长辈、身份高者先伸手。
- 客人上门时应主动与主人握手,客人告辞时主人应主动与客人握手。

握手时应起身站立

坐着握手是向握手对象暗示你不想和他握手,代表和传达出的是消极态度。

坐着与陌生人握手,对方会觉得自己不受尊重;坐着与晚辈握手,对方会觉得你自以为是;坐着与下属或客人握手,对方会觉得你装模作样、摆架子。坐着握手可以被理解为否定对方,被误解为敌意,也可以被理解为无视对方,被误解为轻

蔑。即使你无心得罪别人，也会给别人留下故意而为的印象。

即使年龄与身份相仿的熟人相见，坐着握手也不能称得上礼貌。边握手边和其他的人寒暄，说明你对握手对象心不在焉。

温馨提示：
□除非你是残疾人，否则应该站起来与人握手。
□年长者或身份较高的女性可以坐着与人握手。
□握手时，另一只手不能插在衣兜里，嘴里不应该有食物、香烟等物。

第七章

名片礼仪
Business card etiquette

名片上的头衔不超过两个

有的人的名片上的头衔多达五六个,更夸张的是有人把各种名誉主席、某某协会等有名无实的头衔都列到名片上,达到10个左右。这是错误的行为。

名片上乱印头衔对交往不利。名片上头衔太多,别人就难以确定你的身份,且不利于别人记忆。任何人乱印头衔都会给人一种虚张声势的印象,甚至会让人误以为你有欺骗目的而容易引起别人的反感和戒备心理,此外还会显得滑稽可笑。因此,名片上印什么头衔,一定要仔细斟酌。

在名片上印自己的生活照、大头照、艺术照等任何个人照片,也是多余的。

温馨提示:
□ 名片上印最主要、最关键的一个或两个头衔即可,不应超过两个。
□ 不要在名片的一面上同时印两种或两种以上文字。
□ 名片上的字体不要使用太多,字号应适当。

递名片时把正面朝向对方

递名片给别人时，不少人没有想过应该把正面朝向对方。

递名片时正面朝向自己，表明你对自己更为关注。将名片文字的反方向递给别人，对方阅读起来会有困难。虽然这个"方向性"问题是极小的细节，却能体现出一个人是否懂得为他人着想，是否有值得敬佩的合作精神。如果不想引人误解和不快，还是不要把名片正面朝向自己吧！

如果你的名片背面是空白的，将背面朝上递给别人同样是错误的。

温馨提示：

□ 递送名片时，应将名片的正面朝向对方。
□ 送出名片的同时，应用友好的目光看着对方的眼睛。
□ 递送名片时，应适当与对方寒暄或稍加自我介绍。

收到名片后要回应对方

收到名片后，在表情和语言上没有任何表示，往往会让送出名片的人摸不着头脑，从而产生怀疑、失望、生气等负面情绪。

代表单位外出参观访问或接待来宾时收到对方人员的名片后再无任何表示，对方会认为你所在的单位员工素质低下；作为个体与别人交往时接到名片后不做回应，别人会认为再没有与你继续交往的必要。收到名片而不做回应，在别人看来，你把送出名片的人当成了"透明人"。

收到名片不理不睬，就像得到别人的帮助后表现得若无其事一样令人厌恶。

温馨提示：

□ 收到别人的名片后首先应面露微笑，态度恭敬。如果你坐着，接名片时一定要站起来。

□ 接过别人的名片后要向对方表示感谢。
□ 接到别人的名片后应回赠自己的名片给对方。

将别人的名片妥善存放

名片不能随处存放。

作家热情地招待一位读者，却随手将他的名片放在装废旧稿件的纸袋里，这无疑是告诉对方，你对他的热情是虚假的；多方打听和努力才得到机会拜访某人，接到对方名片后却把它随手塞在牛仔裤的后兜里，对方有限的耐心很快会被你这个动作冲得消失殆尽；你值班时遇到一位找别人的访客，你随手把他的名片夹在一大堆资料里，对方一定不会对你有什么好印象。

随意放别人的名片，一方面容易丢失，一方面是对别人的轻慢。养成习惯的话，等待你的会是越来越多的麻烦和误解。

温馨提示：
□ 名片应放在上衣内袋或皮包、专用的名片夹中。
□ 如果是在自己的室内接受别人的名片，可以在办公桌或窗台上放置名片盒。
□ 接到名片后不要一直拿在手里，不要把别人的名片随意扔在桌上、随意装在容易丢失的地方，更不要转送他人。

第八章

介绍礼仪

Introduce the etiquette

作介绍要注意场合

在大型会议上,作为主持人的你介绍嘉宾时滔滔不绝,大谈与会议无关的嘉宾逸事,与会者会认为嘉宾爱出风头,嘉宾则会因为你暴露他的私生活而不悦;进行演讲前,作自我介绍时大谈自己曾经获得什么奖励,听众们会认为你过于自恋;在列车上与陌生人交谈,详细介绍自己的姓名、职务等个人信息,对方会认为你"少根筋";别人正在办公,你推门而入大谈自己要推销的产品,对方会以干扰工作为由将你赶走。

什么情况下该介绍什么,该保留什么,不能随心所欲。作介绍时,无论是介绍人还是介绍事,都要看场合。

温馨提示:

□ 在不同的场合作介绍要遵循相应的规则。

□ 作介绍要先选定介绍人,通常由东道主或对被介绍的对象都较为熟悉的人充当。

□ 介绍个人给集体时,可以只向集体介绍个人的姓名、职务、籍贯或主要成就;被介绍的双方是集体时,应先介绍规模小或级别低的一方。

作介绍要强调重点

为他人作介绍时不强调重点，被介绍的人们之间就难以相互理解。自我介绍时没有重点，你给别人留下的印象就会比较模糊。当在场者众多、需要被介绍的人数众多时，作介绍不强调重点，别人就可能不容易完全正确地分辨彼此，不知道该用怎样的态度来对待别人，不知道该用什么话题展开交谈和交往。

为他人作介绍也好，自我介绍也罢，你所起的作用都是便于沟通的"纽带"。任何情况下，都不能无的放矢、想到什么说什么地胡乱介绍。

温馨提示：
▫ 作介绍时首先应让被介绍者清楚彼此的身份，应从被介绍者的职业、籍贯、爱好等主要方面入手。
▫ 作介绍时应该突出被介绍者的优点或特点。
▫ 为双方作介绍时可以突出双方的共同点。

作介绍要讲究顺序

作介绍不讲究顺序，千万别觉得这样做会显得作介绍的方式灵活自然。

作介绍很随意，对应该被先介绍的人而言是不敬，对应该被后介绍的人而言是揶揄；在正式场合作介绍不讲究次序，会降低所在场合的档次和水准；在私人场合作介绍不讲顺序，会引起尊者的不满。无论在什么场合、为什么人作介绍，不讲究顺序都说明你不懂得礼仪规则。

温馨提示：
▫ 作介绍时应把自己认识的人介绍给陌生人。
▫ 应把晚辈介绍给长辈，把地位低者介绍给地位高者，把家人介绍给客人。
▫ 为两个集体作介绍时，应该先介绍规模小、地位低的单位，并按照其成员身份由高到低的次序进行介绍。

先把男士介绍给女士

一般情况下,先把女士介绍给男士是不对的。

所谓女士优先,不是说先介绍女性,而是女性有优先认识别人的权利。如果把一位女性经理介绍给外单位的普通男性业务员,把年轻女士介绍给年龄相当的男士,把年长的女士介绍给年轻男士,双方都会尴尬。先把女士介绍给男士,女士会认为你不尊重对方,男士则会感到不安。大家会觉得你连起码的礼仪规则都不知道,有负于介绍人的身份和职责。

如果没有特殊情况,一定不要先把女士介绍给男士。

温馨提示:
☐ 在社交场合中作介绍时,应该先把男士介绍给女士。
☐ 同时为多位女士作介绍时,可将年轻女士介绍给年长女士。
☐ 在正式场合,或者男士的年龄或地位远远高于女士,应将女士介绍给男士。

被别人介绍时要面带微笑

被别人介绍时表现得糟糕是绝对不可取的行为。

被介绍给别人时无精打采、心不在焉,另一方会觉得你不值得交往,介绍人会觉得你辜负了他的好意,或者疑心你对被介绍的其他人心怀不满;被介绍给别人时盛气凌人、态度倨傲，另一方会认为你难以接近且徒有虚名，介绍人会觉得你故意耍酷，成心给自己使坏；被介绍给别人时与其他人谈笑说话，另一方会觉得你有意制造矛盾，介绍人则会觉得你同时侮辱了在场的所有人。

被介绍给别人时，一定要注意杜绝自己"非正常"的表现。

温馨提示：
▫当别人介绍自己时，表情和动作要自然，要展现良好的精神状态。
▫被介绍的同时应礼貌地向介绍人和其他人点头致意。
▫被介绍完毕后应得体地和别人问好、寒暄。

第九章

日常交往礼仪

Daily communication etiquette

切忌叫错别人的名字或职务

任何人都不希望别人叫错自己的名字或者职务。

名字和职务是一个人最珍视的个人标志,不容亵渎。叫错别人的名字,说明你对他了解太少;叫错别人的职务,说明你居心叵测。当着总经理的面,把张副总经理叫成张总经理,总经理会皱眉,张副总会暗暗叫苦;别人已经升迁,你却依然用原来的职务称呼别人,对方会认为你心怀嫉妒。一次叫错可以原谅,如果多次叫错就是"顽固不化"。

温馨提示:
□ 和别人打招呼时应看清楚对象再说话。
□ 如果不能肯定对方的身份,可以事先询问别人。
□ 叫错别人的名字或职务后应及时道歉并改正。

致谢、道歉要及时

致谢和道歉只有及时表达才能起作用。

企业、公司接受客户的产品或服务质量投诉后不及时道歉，信誉就会受损，甚至会危及品牌价值；接受同事、亲友的帮助后不及时致谢，无意间妨碍或伤害了对方而不及时道歉，彼此间的关系就会淡化甚至恶化；陌生人给予你帮助，你却不及时感谢，你给陌生人带来了不便而不及时向其道歉，对方会想"这人真不知趣，太没教养了"。

不要觉得早一点儿或晚一点儿致谢或道歉无所谓，如果不及时，再诚恳的行动也显得虚假、勉强。

温馨提示：
- 得到别人的帮助后应立刻道谢，误解别人或妨碍别人应当及时道歉。
- 无法面谢对方或无法当面道歉时，可以托人转达或以信件、电话的形式表示。
- 受到的帮助很多或给别人带来的麻烦太大，应该及时以送礼物或向对方提供帮助的方式致谢或道歉。

请人帮忙要说"请"

"喂，给我拿某某东西！""快来帮忙！"听到这样生硬的请求，你愿意帮助对方吗？

请友邻单位帮助解决会议场馆的问题时不说"请"，对方会觉得你态度强硬，难以接受；请陌生人帮你指路时不说"请"，对方会觉得你粗野无礼，"活该没有人帮助"，不愿帮忙。请人帮忙不说"请"，无论对方是长辈、晚辈还是同事、亲朋，都会有受逼迫、被斥责的感觉。如果对方较真起来，你不经帮助就无法完成的事就肯定完不成了。

任何人都没有义务无条件帮助你。因此，请人帮忙，千万别忘记说"请"。

温馨提示：
□ 请人帮忙时一定要使用礼貌用语，如"请""劳驾""拜托"等等。
□ 即使被拒绝或别人没有尽到你的满意也要向对方说"谢谢"。
□ 不要勉强别人为你做事，不要用命令的语气要求别人。

赞美要发自内心

没有诚意的赞美是无效的，甚至还会起到相反作用。

语言夸张、辞藻华丽的赞美显得虚假，别人不会因此而受宠若惊，反而会疑心你是否得罪了他，或者有求于他；模棱两可、不痛不痒的赞美不等于朴素真诚，反而会让对方觉得你太过勉强、敷衍对方；赞美别人时附和他人，会被认为是老好人；如果甲乙两人不和，你当着任何一个人的面赞美另一个人，会被双方视为别有用心。

如果赞美不能让对方感受到诚意，就是礼仪上的错误。

温馨提示：
□ 赞美别人要有针对性，不要说套话、空话。
□ 赞美别人时态度要诚恳，语言要平实，应让对方感受到你的欣赏之情。
□ 赞美别人时不要东张西望、心不在焉、敷衍了事。

别人失误时不要大惊小怪

别人失误时大惊小怪说明你没有修养，志趣低俗，喜好哗众取宠。

别人发言时说错了话，你的大惊小怪会让他更容易出错；别人在工作中做错了一份报表，你的大惊小怪会让对方增添烦躁；别人打错了电话，你的大惊小怪会让别人觉得小题大做。在身份较高的人失误时大惊小怪，在别人看来是嫉妒心理的泄露；在地位低于你的人失误时大惊小怪，在别人看来是向其施加压力的表现。

别人失误时大惊小怪，对人对己都没有益处，这样做是有悖礼仪的。

温馨提示：
□ 对于任何人的失误都应该以同情和理解的态度来对待。
□ 如果有必要，应委婉地向失误者提出安慰和建议。
□ 如果别人的失误有关仪态，且对方极力掩饰失误，你可以装作没看到，从而维护对方的尊严。

切忌用食指指人

用食指指人是最不礼貌的行为。

介绍人们相互认识时用食指指人，你会给别人一种高高在上的感觉；清点人数时用食指指人，给人的印象是你在数牲口；招呼别人时用食指指人，会让对方觉得你自高自大、不把对方放在眼里；双方交谈提到对方时用食指指人，会有威胁和蔑视对方之嫌；在别人背后指指点点，会有说别人闲话的嫌疑。

用食指指人有侮辱、轻蔑之嫌，应坚决杜绝。

温馨提示：
□ 指人时应该使掌心向上、四指并拢，做类似于"请"的姿势和动作。

- 指自己时也不要使用食指，而要用手指并拢触胸或以掌心按胸。
- 做手势时，动作幅度应加以控制，上举不要超过对方头部，向下不要低于自己的腰部。

借路时要打招呼

借路时图省事，一声不吭就横冲直撞过去，这绝对不是潇洒的行为。

在剧场、集市、展览会等人群聚集的场所借路不打招呼，撞到一个人的同时也会连带撞到其他人，从而引起众怒；在窄路上借路不打招呼，别人很容易被你挤倒、摔伤；面对年长者借路不打招呼，显然是目无尊长；在办公场合借路不打招呼，不利于同事交往。如果你地位显赫或身份高贵，借路时不打招呼，别人自然不会对你有好的评价。

借路不打招呼，不仅不礼貌，还容易造成或大或小的事故。

温馨提示：
- 在人多拥挤的地方借路一定要提前打招呼。
- 借路时别人如果没有注意到你，必要时应停止并向对方说明，不要强行通过。
- 多人同行时一定要减慢速度，有序行进。

男士要走在女士的左侧

男士走在女士的右侧是不合适的。

首先，"男左女右"是中国的传统规则，男女并立或同行时通常右侧是默认的女士位置；其次，国际通行的准则是"以右为尊"，女性为尊又是社交场合公认

的原则。在大街上男女同行,在公园散步时男女同行,男士走在女士右侧,来往车辆和行人则最先妨碍女士。在公众场合、正式场合,男左女右也是约定俗成的规则。

温馨提示:
☐ 男女同行时,应让女士走在里侧而不一定是右侧。
☐ 引导前行时,男士应走在女士的前面。
☐ 进出大厅、公共场所等地时,应请女士走在前面。

遇到危险时男士要主动保护女伴

  遇到危险时男性主动挽住女伴,有人可能想:女性应该受保护,挽住她是表示对她的爱护。这么认为就错了。
  挽臂礼是女性的"专利"。遇到难走的路,男士主动挽住女伴,给人传达的信息是他需要女伴的搀扶;遇到抢劫等危险事件,男士主动挽住女伴,给对方的暗示是男士需要女伴的保护。男士应礼让、保护女性,如果男士主动挽住女伴,不仅会受到女伴的鄙视,更会受到别人的嘲笑。
  将危险推给柔弱的女伴,不仅是对对方的不尊重,从某种程度上说,也是对对方的伤害。

温馨提示:
☐ 遇到危险的环境,男士应事先谨慎地主动探测,以保证女伴的安全。
☐ 遇到危险的道路,男士应主动搀扶女性。
☐ 遇到危险的紧急情况,男士应挺身而出保护女伴。

探病前要问清情况

探病一定是为了表示对病人的关心，但不事先问清情况就探问，有百害而无一益。

如果病人是刚做完重病手术，急需静养，你前去探视只能给病人徒增负担，对其康复毫无益处；如果病人处于昏迷或危重状态，随时都需要医护人员的严密看护，你前去探视是对疗救工作的妨碍；如果你去探望时正赶上病人吃饭、休息或接受治疗，必然会打乱病人的正常作息。

探病不将情况了解清楚就贸然前往，既耽误自己的时间又对病人不利，甚至可能引起病人家属的反感和批评，当然是错误的。

温馨提示：
□ 探病前应问清楚医院允许探视的时间，以及病人的病情、作息规律。
□ 如果病人情绪不稳、心情烦躁，需要独处，则不应强行探视。
□ 病人需要隔离观察或治疗时不要探视。

探病时切忌详问病情

如果你觉得探病时郑重地向病人本人或在场的病人家属、医护人员详问病情，能充分体现出对病人的关切和安慰，这说明你对探病礼仪误解甚多。

一进到病房里就向病人索要病历，想看个究竟；看望病人期间不停地谈论治疗方案，如果病人不希望别人知道详情，这样做会使病人难堪。医护人员查问病人时，马上当着病人详问治疗手段和用药情况，这样做会触到病人的痛处，使其感到惊惶；如果医护人员有必要对病人部分保密，这样做便是干扰医院的工作。

探病时，一定要避开询问病人具体的病因等问题。

温馨提示：

□探望病人时，对其表示关心即可，态度应与其未生病时一样。
□见到病人时不要做出惊讶、担忧的表情，以免加重病人的心理负担。
□探病时不要就病人的状态作过多评论。

探病时宜说一些轻松话题

探病时谈什么话题，这个问题可不简单。

病人得的是小病，如果你大谈"小病时间长了就变成大病"，别人该认为你在诅咒病人；看望病人本该慰问对方，如果你谈论自己在工作或生活上的苦恼，别人会觉得你很无聊，对病人表现出极度的"不体贴"；在病房里谈论别人的闲话以及种种负面的社会新闻，病人会觉得心情沉重。

探病时谈沉闷的话题，是对病人健康的不负责。

温馨提示：

□探病期间，不宜谈对方不感兴趣的话题，不宜谈有关疾病和死亡的话题。
□探病期间，不宜谈论忧伤的话题。看望病人时，说话要放低音量，以免病人烦躁。
□争端话题、容易引起兴奋的话题不宜谈。

第十章

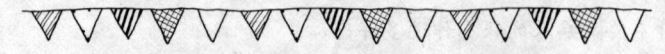

交谈礼仪
Conversational etiquette

不宜在路边交谈，以免妨碍他人

经常能见到在路边交谈甚欢的人们。他们的行为是不合礼仪的。

路上偶遇老同学，站在车水马龙的路边就开始闲聊，你们不担心被车撞，开车的人还担心撞到你们呢。在公园里散步，走累了在路边站着闲谈，如果参与交谈的是3个人以上，行人多半都得绕着走了。在单位和同事站在甬路边上说话，遇到领导，他会认为你们对工作不够用心；遇到前来参观访问的客人，他们会认为你们不注意自己的形象。

温馨提示：

☐ 与他人交谈时不应占用公共通道。

☐ 几个人一起交谈时不应扎堆，以免妨碍别人。

☐ 在户外偶然相遇或同行时，不要停在人多拥挤的地方。

交谈时要与对方保持适当的距离

交谈不注意距离,交谈就可能无法成功。

距离关系一般的人太近,对方会感到受到威胁;与异性交谈时距离太近,对方会感到不安。亲朋好友距离太远,对方会疑心你对其不满或有事相瞒;领导与下属谈话时距离太近,有损领导威严,在别人看来也超越了上下级的关系。集体开会时距离太近,不利于大家集中注意力谈论正题;距离太远,又有逃避责任的嫌疑。

温馨提示:
□ 一般关系的交谈应该保持社交距离。
□ 如果关系比较亲密,可以将彼此距离保持在1米或半米以内。
□ 对于自己不熟悉的人或异性,交谈时距离不应低于两米。

开玩笑要看对象和场合

随便逮到谁就开玩笑,在任何场合随意开玩笑的做法都是愚蠢的。

对陌生人开玩笑,对方会厌恶你的"自来熟",有的人甚至会把你当成不法分子;对生性敦厚的人开玩笑,对方多半不作配合,甚至会被你惹恼,你是在自讨无趣;对上司开玩笑,对方会认为你不尊重上级。公司会议上,在讨论下一季度销售方案的间隙,主管开玩笑会让人觉得莫名其妙,下属开玩笑会让人觉得缺乏自知之明;在课堂上开玩笑,会扰乱教学秩序,分散大家的注意力;在追悼会上开玩笑,会让人觉得不伦不类、侮辱死者及其家人。

开玩笑找错对象和场合会弄巧成拙。

温馨提示：
- 不应对生性多疑、心胸狭窄的人开玩笑，不应对长辈、领导、贵宾、异性随意开玩笑。
- 图书馆、剧场、博物馆、电影院等要求安静的场合不宜开玩笑。
- 会议、办公等正式场合不宜开玩笑，葬礼等严肃场合不宜开玩笑。

对他人的主动交谈要积极回应

当别人主动和你交谈时，无动于衷是不礼貌的。

别人主动与你交谈是一种积极友好的表现，在社交场合尤其如此。对他人的主动无动于衷，一种原因是你对主动交谈者不屑一顾，一种原因是你生性怯懦或多疑，不敢和陌生人交谈。无论什么原因，不回应别人的主动交谈都会使对方进退两难，遭遇尴尬。

温馨提示：
- 对于别人善意的主动搭话一定要积极回应。
- 如果你不想和主动交谈者进一步交流，应礼貌地找理由离开。
- 遇到他人主动交谈，应礼貌地向对方问候、寒暄。

说话声音要温和

说话声音刺耳也是不礼貌的。

说话声音刺耳的人会让别人觉得不够沉稳可靠。如果你批评别人时声音刺耳，就有讽刺之嫌，也会被对方误解为刻薄尖酸、得理不饶人；如果你向别人解释原因或为自己的过失进行辩解时声音刺耳,对方会认为你不服气、有狡辩和强词夺理的嫌疑。另外,说话声音刺耳还会使别人失去与你谈话的兴趣和耐心。

说话时,一定要注意自己的声音是否刺耳。

温馨提示:
□ 说话时应注意音量和声调。
□ 说话时不要刻意提高声音。
□ 无论是批评别人还是向别人辩解自己,都要避免声嘶力竭。

在谈话中不宜纠正别人的错误

在谈话中纠正别人的错误很容易让对方下不来台。

首先,每个人的知识水平和分析能力、经验阅历都不一样,因此各自的观点以及对某人某事的认识也不尽相同。有些时候,有些问题根本不能用是非的标准进行评判。其次,也许有的人在某个常识性问题上的确错了,但他是其他领域的专家,纠正他的错误等于是否定他的能力和地位。此外,有些错误的记忆和认识在说话人看来是正确的,别人再纠正也不会动摇其固有的认知,反而会伤彼此的和气。

温馨提示:
□ 对非原则性口误、无关紧要的常识性错误,不要纠正。
□ 当对方地位高、身份重要时,不应纠正对方的任何错误。
□ 纠正别人的错误应该在私下场合,并使用委婉的语言和语气。

尊重他人的意见

质问他人意见的可靠性,其实就是否定他人的意见。

质问他人意见的可靠性,对权威性人物来说是挑衅和侮辱,对胜券在握而又急于表现自己的人来说是打击和贬低,对胆小谨慎而又顾虑重重的人来说是威胁和扼杀,对一些急性子的人来说是抬杠、吵架。质问他人做法是否妥当、想法是否正确、记忆是否准确,其效果是相同的,都不妥当。

温馨提示:
□ 与人谈话要认真聆听,不应随意质疑。
□ 询问对方时态度要端正、尊重、认真。
□ 向别人征求意见时应该信任对方。

对别人的插话不可强硬拒绝

贸然拒绝他人插话是一种强硬的姿态,会给人以压迫感。

某人接受采访时,说话太多,主持人试图插话调整话题时,他贸然呵斥拒绝,主持人必然会多少有些尴尬。下级向上级汇报工作时,上级想起一个问题,想要插话询问却遭到下属的贸然拒绝,上级一定会觉得自己的尊严受到了侵犯。别人插话的目的也许是提醒、建议,也许是打圆场,都不应贸然拒绝。即使对方插话的原因是不耐烦,但贸然拒绝也是不应该的。

温馨提示:
□ 谈话过程中如果有人想说话,应该礼貌地予以肯定。
□ 如果环境不适合别人插话,应该用手势或目光示意。
□ 如果有人强行插话,应向对方表示尊重和礼貌。

交谈过程中离开前要打招呼

交谈期间无故离开是不礼貌的。

交谈时突然离开而不打招呼,会让别人误以为他们说了什么得罪你的话或做了其他不合适的举动,妨碍了你,也会让其他人误认为你不屑于参加他们的交谈。与长辈交谈时突然不打招呼就离开,是明显的不敬;即使面对晚辈和陌生人,毫无征兆地突然离开也是会让人感到莫名其妙的。

温馨提示:
□ 交谈过程中需要离开时应向众人打招呼。
□ 交谈过程中不要突兀地终止话题。
□ 交谈过程中不要做跺脚、背手等暗示不耐烦的动作。

与人交谈时既要说也要倾听

只管说不管听的人是不受欢迎的。

只说不听的老师不能领会学生真正需要什么,只说不听的领导不能真正合理地领导员工,只说不听的员工永远无法受到他人的尊敬。只说不听,就不能知道别人对你话语的反应如何,也不能知道你说话的效果如何。回到礼仪上来,只说不听本就是不把其他人当回事、以自我为中心的表现。即使你说的话很有道理,也无法得到别人的尊敬。

温馨提示:
□ 说话时应注意听者的反应。
□ 别人说话时应表示愿意聆听。
□ 谈话时应主动邀请别人表达看法和提出新的话题。

切忌随意打断别人的话

不随意打断别人的话是最基本的礼貌。

人与人的表达能力和说话速度不同，有的人长篇大论，滔滔不绝，有的人边想边说，吞吞吐吐。如果别人好不容易获得一点灵感，正在陈述他的想法，突然打断会使其灵感遭到破坏。人与人说话的态度和语气不同，有的人言辞犀利，有的人言辞谨慎。如果你因为难以接受对方的观点而随意打断别人说话，会显得急躁、武断、沉不住气。如果你在参加辩论会的时候急于打断对方的话，结果可能是给评委留下不好的印象而得到低分。

即使你想反驳对方或补充、纠正对方，也不应打断他的话或抢着发言。

温馨提示：
□ 让别人把话说完，是对对方的尊重和肯定。与别人谈话时，要给别人说话的自由。
□ 如果想插话，应该寻找别人说话告一段落的时机。
□ 想要提醒别人什么或表达看法时，要事先用表情或手势向说话者示意。

不探听别人的私密谈话

没有人欢迎对别人的私密谈话探头探脑表示好奇的人。

极力想了解别人私密谈话的人使人觉得没有教养、好奇心重，而且在不该好奇的地方好奇。与这样的人共事，别人一定会缺乏安全感，担心自己的隐私被他窃取，更担心他向别人泄密。对别人的私密谈话表示好奇的人使人觉得他不安分守己，不能专心工作或不负责。

不侵犯别人的私密空间是一种礼貌。

温馨提示：
▫ 如果别人做出明显的拒绝加入的姿态，不要对其表露好奇。
▫ 应克制自己探究别人话题的想法。
▫ 不要经常对聚成小圈的人们做出探头探脑的样子。

表达自己意见的同时也尊重别人的意见

强行让别人接受自己的意见是错误的做法。

强行让别人接受，说明自己的意见不对、对别人不利，或者别人不感兴趣、不适合别人。强行让别人接受自己的意见，是不考虑他人的感受、不为他人着想的表现。上级和长辈这样做是仗势欺人，亲朋好友这样做是强人所难，陌生人这样做是多管闲事。强行让别人接受自己的意见是在搞"一言堂"，就算别人当下表示赞同，内心里也是不服气的。

温馨提示：
▫ 发表意见和下达指示应该用商量的语气和态度。
▫ 想要让别人接受自己的意见，事先应耐心与对方沟通。
▫ 可以采用交换意见的方式来让别人接受自己的意见。

谈论别人喜欢的话题

谈论别人不喜欢的话题，即使你的话再多，说话技巧再高超，也难以引起别人的兴趣，更不要说引起对方的共鸣了。

和目不识丁的人谈论文学理论，和十几岁的孩子谈论国企改革，和讨厌动物的人谈论宠物喂养经验,和喜欢看爱情电影的女性谈论车祸现场……都会让对方如坐针毡。

谈论别人不喜欢的话题,结果只会让原本想和你交往的人打消交往念头,造成你和对方的关系更疏远。

温馨提示:

□ 谈话过程中应注意别人对话题的反应,及时做出调整。
□ 谈话过程中,可以很自然地询问别人的爱好和感兴趣的话题所在。
□ 平时应该留心大部分人喜欢什么话题。

懂得适时保持沉默

别人都在专心听某人发言,你却在下面用大家都能听到的声音对某人做出评论,让人感觉你得了"人来疯";别人正围在一起商讨解决方案,听到只言片语的你贸然开口,让人感觉你是"半瓶子水晃荡";老师让大家在几分钟内认真思考,你偏偏转头和旁边的人说话,旁边的人会认为你打扰他的思路,老师会认为你目无师长,大家会认为你不遵守纪律。

温馨提示:

□ 交谈过程中应该懂得倾听和思考。
□ 别人发表意见时应该专注地听。
□ 别人交谈时应保持礼貌的沉默。

批评与攻击别人要把握分寸

批评过了火就容易变成攻击，会让人的好意变成恶意。

本意是希望对方能改变工作方法，结果却变成声讨对方智力低下，这就是将批评变成了攻击；本意是希望对方节省一些，结果却变成数落对方招蜂引蝶，这就是将批评变成了攻击；本意是希望对方思考问题再缜密一些，结果却变成了讽刺对方是非不分，这也是将批评变成了攻击。

批评能使人进步，攻击却使人发怒，造成严重的负面影响。

温馨提示：
□ 批评别人要就事论事。
□ 批评时不要进行人身攻击。
□ 批评别人时不要牵扯到人品问题。

不必在非原则性问题上与他人纠缠不休

在非原则性问题与他人上纠缠不休，这样的人在别人看来是小肚鸡肠，不值得交往。

和朋友结伴购物，你坚持向对方推荐你觉得漂亮的衣服，朋友选了她认为好的，你就不停抱怨对方没有眼光，对方一定不再愿意和你一起逛街。别人的要求并没有违反规定，作为负责人的你却竭力阻挠对方，对方一定会认为你擅用职权，并且是"死脑筋"，自然不会对你有好印象。

温馨提示：
□ 说理要有根据，不能感情用事。

□ 对于无关大局的小问题应持宽容态度，不细追究。
□ 为人做事应该灵活一点，学会谅解和宽容别人。

恭维别人不可露骨

刻意恭维别人，就是我们俗称的"溜须拍马"。每个人都希望得到别人的肯定，希望得到别人的夸奖。但"恭维"与"赞美"是两个完全不同的概念，其结果也会大不相同。刻意恭维人品正直的人，对方会觉得你人品低劣；刻意恭维自己需要的人，对方会对你产生警惕心；刻意恭维熟悉的人，对方会怀疑你做了什么亏心事。

刻意恭维别人显得虚伪、卑躬屈膝，会惹人讨厌，还不如简简单单说话、实事求是评价，或不评价。

温馨提示：
□ 对待别人应该一视同仁，不分贵贱高低。
□ 待人接物态度应大方自如，避免点头哈腰和谨小慎微。
□ 说话应实事求是，不过分地说"好话"。

切忌不明是非乱传话

不明是非，却积极做"传声筒"是错误的。

道听途说单位要裁员，你立刻第一时间向同事们传播，必定造成人心惶惶；偶然听说某人蹲过监狱，某人得过怪病，你转身就告诉别人，如果是真的，是对当事人的伤害，如果是假的，是对当事人的诽谤。不明是非乱传话，如果传话人不怀好意，你就成了他的帮手；如果事件不能公开，你就是违反纪律，提前泄密。不明是非乱传话，别人会认为你头脑简单、容易被利用，而且是不可信任的"小人"。

温馨提示：
□ 传播消息时应该保证它的准确性和积极性。
□ 不要养成传播小道消息的习惯。
□ 应该保密的消息不要进行传播。

对自己不懂的事情不随便发表意见

任意对任何事情发表意见，很容易说错话。

如果自己的经验只限于道听途说，为凑热闹而对自己不了解的事情发表意见，容易因为断章取义而"帮倒忙"；如果自己无权对某事指手画脚，随便发表意见就是越权行事；如果别人需要独自思索，自己任意对其发表意见，就是喧宾夺主；如果事实已成定论，自己不分青红皂白随便发表意见，就会显得很无知、很无聊。有时随便发表意见，还会有颠倒黑白的嫌疑。

任意对任何事情发表意见，只能暴露出你的莽撞和浅薄，并且让别人感到不受尊重。

温馨提示：
□ 对于自己不了解的事情和不在自己责任范围之内的事情不要随便发表意见。
□ 对不宜发表意见的事情不要发表意见。
□ 对容易引起别人误解的问题不要发表意见。

第十一章

电话礼仪

Telephone etiquette

打电话时要用问候语

打电话不用问候语是相当不礼貌的。

给长辈和领导打电话不用问候语，对方会觉得你对其"有看法"；给亲朋好友打电话不用问候语，对方会觉得你对其感情淡漠；给客户打电话不用问候语，对方会觉得你不具备专业水准。给任何人打电话不用问候语，对方都会感到突兀，会打消对方与你沟通的积极性，甚至让对方不愿意再与你交谈。

温馨提示：
- 打电话时应该使用"您好""打扰了"等礼貌用语。
- 打电话时应始终保持良好的精神状态。
- 打电话时要保持站立姿态。

打错电话要道歉

打错电话不道歉是很没有教养的做法。

第十一章　电话礼仪　|061

　　你打电话给某单位，不小心拨错号码，对方告诉你打错了，你气急败坏地冲着话筒说"神经病"，对方一定在委屈的同时暗骂"你才是神经病"；你拨朋友的电话号码，却拨成一个相似的号码，对方告知你打错了，你却说"什么破号码，害得我拨错"，对方一定觉得"好心没好报"。打错电话本来就是对别人的打扰，不道歉就是骚扰，如果你连续几次拨错号码不道歉，对方会误以为你是在搞恶作剧。

温馨提示：
□ 打错电话后要向对方道歉。
□ 打错电话后不要纠缠询问对方是谁。
□ 打错电话后应避免再次拨对方的电话。

接通电话后要问对方是否方便

　　接通电话后不问对方是否方便就自顾讲话，必然会造成"不方便"。

　　张三正在开会，你接通电话后不问对方是否方便就开始聊天，对方即使想回应你，也无法应答自如；王五正在上课，你接通电话后不问对方是否方便，对方就会耽误学生的时间，造成"教学事故"；对方是个正在准备为病人做手术的医生，你接通电话后不问是否方便，对方就容易分心，影响工作状态；对方正在接待客人，你不问对方是否方便，对方就不能很好地待客。

　　别人接你的电话表示他尊重你，但你接通电话后不问对方是否方便，就是对别人的不敬。打电话应该懂得为对方着想，这样于人于己才都方便。

温馨提示：
□ 接通电话后首先应该问对方是否方便接听。
□ 接通电话后如果感觉对方说话不便，应主动表示理解。
□ 如果对方不便接听，应另约时间通话，及时向对方说"再见"。

错过电话后要及时回拨

错过电话不及时回拨，错过重要信息的同时往往也错过了对方的热情和坦诚，甚至错过机会。

新闻记者错过电话，也许会错过重要线索；医生错过电话，也许会延误病人的生命；演员错过电话，也许会错过重要角色。在工作岗位上错过电话，就是失职；在私人交往中错过电话，就是逃避。错过电话而不及时回拨，一定会错过更多信息。

温馨提示：
☐ 别人打电话没有找到自己，得知消息后一定要回拨给对方。
☐ 如果别人传达给自己速回电话的消息，一定要按时回电。
☐ 如果不能及时回电给对方，一定要在回电时向对方道歉。

替来电者叫人时要懂礼貌

来电者是同事的男朋友，你当着满屋子的人捏着嗓子大声叫受话者："丽丽，你亲爱的找你！"同事一定会觉得你很可恶；对方是同学的爷爷，你接电话一听是个老年男性的声音，立刻大叫："某某，一个老头子找你！"同学一定会感到气愤。替来电者叫人时不懂礼貌，对来电者和受话者都是侮辱。

替来电者叫人时，务必要尊重来电者和受话者。

温馨提示：
☐ 替来电者叫人时，不得使用蔑视别人的词语胡乱称呼来电者。
☐ 替来电者叫人时，应该事先礼貌地告诉来电者。
☐ 等待被叫的人到来时，可将电话暂时搁置一边，在此期间不应议论来电者与被叫者之间的关系。

让对方持机等候时要说明所需时间

让对方持机等候时不说明所需时间，会很让对方着急、反感。

需要让对方持机等候时，如果先告诉对方需要等多久，对方会"有个盼头"，心情也会平静一些，反之对方会以为自己被遗忘了。事先告诉对方需要等待的时间，对方就可以根据自己的情况适当处理一下别的事情，不至于干等、浪费时间。

让对方持机等候时告诉对方需要等多久，是体贴对方的表现。

温馨提示：
- 需要对方等待的时间很短时，应该事先告诉对方"请稍等片刻""请稍等一分钟"等。
- 请对方等待的过程中，应不时拿起电话提示对方。
- 如果需要对方等较长时间，应该礼貌地向对方道歉并另约时间接听，或回拨电话。

通话中要注意控制音量

通话中不注意控制音量的做法是行不通的。

在集体办公室里接打电话时音量过大，会影响同事们工作，也让对方听起来觉得"聒噪"；在较为安静的场所接打电话时声音过大，会被周围的人视为"怪物"，有扰民之嫌；谈论私密话题时声音过大，会让周围的人感到尴尬，对自己的形象不利，对保护自己的隐私不利。同样的道理，通话时声音太小，对方与你沟通就会困

难,并怀疑你"心虚"、说假话。

温馨提示:
□ 通话过程中音量应以对方能听清楚而不至于吵到周围的人为宜。
□ 通话过程中不要突然放大音量,也不要突然压低声音。
□ 通话时应注意自己的嘴与话筒的距离。

第十二章

书信礼仪

The letter etiquette

写信要注意格式

随着电话、传真机和电子邮件的普及,越来越多的人不注意写信的格式,如不写称呼、乱写落款、不分段等等,这是不应该的。

写私人信件,如果对方是你的亲人或好友,也许不在乎有没有格式、合不合格式,但若对方是初次与你交往,收到格式乱七八糟的信,心里一定会不乐意。如果你通过信件来联系供应商、投资对象、合作伙伴等等,或者向上级单位或下级单位发公务文件,不注意书写格式就会阻碍工作的进展,你也会被别人认为是工作不负责、待人不真诚的人。

温馨提示:
□ 一封完整的信应该包括称呼、问候语、正文、结尾、落款和日期。
□ 书信的称呼要顶格写在第一行。
□ 书信的问候语要根据收信人的身份以及与自己的关系来写,最后的结语也是如此。

收到信后要及时回复

收到信后不回复是不可原谅的错误。

如果对方的信件内容紧急且重要,不回信就会耽误事情甚至让你永远无法弥补;如果对方与你关系密切,不回信会使对方盲目等待、徒增烦恼;如果对方与你关系一般,不回信会使对方认为你不肯与之交往;如果对方是亲人,不回信会使对方担心你的状况,使其增加心理负担;如果是公务、商务信件,不回信可能会导致信誉危机或被别人认为没有效率、没有规范。

温馨提示:

□ 收到信后应根据信的内容进行回复。
□ 如果信件很重要,应采用电话等形式进行回复。
□ 回复信件要及时。

不可用传真机发感谢信和邀请函

传真机是不能滥用的。

用传真机发感谢信和邀请函,会使这些表达感谢和邀请的信件显得不够正式和庄重,更无法体现对感谢对象和邀请对象的重视和尊重;用传真机发的感谢信和邀请函无法保证纸张的质地和内文的清晰、美观,很容易出现污渍和字迹模糊的情况,这也是对感谢对象和邀请对象的侮辱。

用传真机发送私人信件和秘密文件也是不允许的。

温馨提示:

□ 感谢信和邀请函应该用亲自送达或邮寄的方式送至感谢对象。
□ 写感谢信和邀请函要注意格式的规范和语言得体。
□ 写感谢信和邀请函不要使用空话、套话。

不可用普通信纸和信封写商务信件

不要用普通信纸和信封写商务信件。

用普通信纸和信封写商务信件会降低你所在单位的档次和可信度,也会降低信中所述事件和内容的重要程度。用普通信纸和信封写商务信件,说明写信人对收信人不尊重、不重视、不礼貌、不真诚。收信人会觉得你所在的单位不正规、实力不足,甚至怀疑发信人有欺骗的动机。如果用普通信纸和信封商谈重要合作事宜,成功的可能性会很小。

温馨提示:
□ 写商务信件应使用专用的商务用笺和信封。
□ 写商务、公务信件的信纸和信封质量应上乘,没有瑕疵。
□ 写商务、公务信件时字迹一定要清晰,语言和格式要规范。

聚会前要提前给朋友发送邀请函

尽可能早地给朋友寄送派对邀请函,最理想的时间是在聚会的前3~6个星期。这样邮政系统有足够的时间来递送邀请函,确保客人能够收到,同时客人也有足够的时间来回复邀请函。

温馨提示:
□ 临到聚会前才向朋友发出邀请函是极不礼貌的做法,会让他觉得你是临时找他去凑个数。
□ 发送邀请函的时间也不能太早,以免对方遗忘。

不要遗漏应该邀请的人

礼貌的主人所做的最糟糕的事情就是将一些人排除在派对之外,特别是一些能够获知派对信息的人。因此如果心有顾虑,并且邀请了他们交际范围内的人,那么让邻居或者自己所在活动组的女士们一起参加派对。设身处地地想一想,如果你所在的街道或者社区的人都被邀请参加派对,而你没有,会有什么样的感受?"己所不欲,勿施于人",不要将某些人排除在外。

温馨提示:
☐ 发送完邀请函后再仔细检查一遍,看是否遗漏了一些人。
☐ 不可故意将某些人排除在邀请之外。

邀请函中要写明聚会的细节

邀请函最需要注意的要点是包含客人所需要了解的所有派对信息。通常必须包括以下内容:

派对的具体时间、日期和大体持续的时间。
派对的地点。
参加聚会的对象和具体日期,回复对象和截止期。
需要携带的物品,比如家常菜。
服饰的要求,比如举行服装派对……

温馨提示:
☐ 如果选择正式手写邀请函邮寄的方式,可以提供一些回复邀请函的灵活选择。
☐ 可以通过电话或者邮件回复邀请。

第十三章

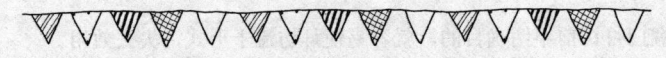

拜访礼仪

Visit the etiquette

上门拜访前先预约

　　贸然上门拜访是不符合礼仪之举，如果你有事相求或商量，则失望的可能性会加大。

　　因为公务性或商务性事务上别人的办公地点贸然拜访，对方可能正在处理事务而无暇顾及，如果对方已经出差，你连向对方打个招呼的机会都没有。如果是拜访私人而贸然上门，对方可能在招待客人、举办小型聚会、休息，甚至有可能在和家人吵架，你的到来必定会让对方感到不知所措。贸然上门拜访，对拜访者来说会让主人感到突兀、为难，对接待者来说会导致行为仓促而难以让来客满意。

温馨提示：
☐ 上门拜访前应该和主人预约。
☐ 上门拜访时应该征得主人的同意。
☐ 上门拜访时应保证不打扰主人的正常工作和生活。

登门拜访前要明确目的

登门拜访前不明确目的,就容易使拜访流于形式,失去效用。

路过熟人的家,登门拜访说"没事,随便看看",对方会多少有点莫名其妙。因为没有目的,对方摸不着头脑,招待你的同时会始终猜测你的真实想法和要求,导致"心累"。如果你和主人有过节,上门却不说目的,对方一定会猜疑。

登门拜访前不明确目的会导致交谈不顺畅,交往不顺利。上门拜访本身就是一种打扰,如果没有目的,则既浪费时间,又浪费精力,当然不能说符合礼仪。

温馨提示:
□ 登门拜访前应有一个明确的理由。
□ 登门拜访时应向主人说明原因。
□ 登门拜访时不要不着边际地乱侃。

拜访要控制时间

拜访任何人都不应该不控制时间。

拜访好友、拜访自己崇拜的人、拜访亲戚等等,兴致上来,一坐大半天,几个小时过去也没有走的意思,即使对方再有谈话的兴致和良好的涵养,也会感到疲惫。如果对方与你是初次交往,说不定会被你这种超级热情吓得再也不敢接待你。拜访别人时逗留时间长到让对方厌恶甚至害怕,没有人会觉得这样是礼貌。

同样,拜访时间太短,见一下,没过5分钟就走,对方会认为你是嫌弃和敷衍,这样也是不合礼仪的。

温馨提示：
□ 临时性访问应该控制在 15 分钟左右。
□ 一般关系的拜访和事务性的拜访时间应控制在半小时以内。
□ 好友聚会时间最好不要超过两小时。

访友时要问候对方家人

访友时不问候对方的家人，其实就是对朋友的不敬。

访友时不问候对方的家人，表面上看来，你是目标明确，专找自己要找的人，干脆利落，其实这样反倒让别人误解。别人会想：他是不是看不起我的家人？他是不是很功利？他是不是太害羞了？难道他不知道这是我家吗？

访友时不问候对方的家人，即使你对朋友展现出全套合乎标准的礼仪，朋友和他的家人也不会认为你懂礼貌。

温馨提示：
□ 访友时一定要问候对方的家人。
□ 问候朋友的家人时应按照辈分依次问好。
□ 不知道朋友家人的长幼辈分时，应向朋友询问或仔细听朋友介绍。

对主人倒水表示感谢并欣然饮用

主人倒水给你，你一点都不喝是不对的。

主人倒水给你，你却一滴不沾，首先是辜负了主人的劳动。你不喝水，主人不会以为你珍惜他倒的水、不舍得喝，而是认为你怕脏、觉得主人不配为你倒水、不屑于喝。主人倒的水你不喝，对方会认为你对他有戒心，或者认为你拘谨、虚伪。主人为你准备的水是自己颇为得意的配制饮料——茶、果汁、汽水等等，如果你不喝，主人就无法体会让客人对自己的饮料赞不绝口的那种成就感。

温馨提示：
□ 主人亲自为你倒水时，应起立并表示感谢，同时用双手接过。
□ 主人倒水给你，不要一直端在手里。
□ 主人倒水，多少要喝一点，即使不口渴也应该喝一两口。

临走时要和主人及其家人一一道别

临走时只和主人道别的人，可以说是礼仪规矩的门外汉。

临走时只和主人打招呼，说明你眼中没有主人的家人。在主人的家人看来，你这种人一定很势利，他们会认为你只对自己用得上的人表示礼貌。只对主人打招呼，并不能让主人感到你对他格外尊重，反而会暗暗对你产生不满。

你拜访的对象是主人，但是忽略他的家人，显然是不懂礼节。

温馨提示：
□ 做客临走时应向在场的所有人道别。
□ 参加舞会临走时可以只向主人或熟悉的人告别。
□ 参加宴会等社交聚会，临走时遇到熟悉的人不要视而不见。

主人送客时要礼让

　　主人送客时,客人不应该心安理得地接受主人的送行而不做出任何表示。

　　主人送客人送到很远,客人一句谦让的话都不说,给人的感觉是太傲慢、太无情,也太不识抬举。主人送客时不礼让,会让满怀热情的主人在情感和礼仪上缺少回应,也会给主人留下自私的印象;主人送客时不礼让,会给主人增加负担,送客越远,主人所做的额外付出就越多。

　　主人送客,尤其是客人与主人比较熟悉时,客人千万不能无动于衷。

温馨提示:
□ 主人送客时应请对方留步。
□ 主人送客时不要与对方长时间寒暄。
□ 如果主人站在门口目送客人,客人到转弯处应回头再次向主人挥手道别。

做客后要向主人致谢

　　做客后不懂得感谢主人的客人不受欢迎。

　　如果主人特地隆重招待了你一次,告辞时你却一句感谢的话都不说,对方一定会觉得自己的殷勤款待未得到承认。做客后向主人致谢是必需的礼貌,也是体现一个人是否有涵养、有教养、有感恩之心的试金石。

　　没有人愿意招待一个吃了就走、对主人的热情和辛苦视而不见的冷漠客人。

温馨提示:
□ 做客后要向主人口头表示感谢。
□ 如果主人待客很隆重,客人返回后应打电话或写信向主人表示感谢。
□ 如果有必要,客人应该适时用礼物回谢主人或者回请主人。

第十四章

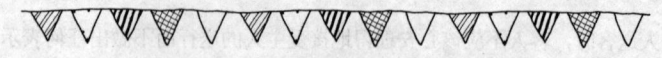

待客礼仪

Hospitality etiquette

远客到来要提前迎接

远客到来之前，主人如果不迎接，就不算个合格的主人。

如果客人是第一次来访，并且你的住处很偏僻，提前迎接客人可以免去客人费力寻找之苦；如果客人身份高贵，即使不是初次来访，提前迎接也是客人应得的礼遇；如果客人不善长途跋涉，提前迎接客人有助于客人恢复精神和体力。反之，主人就会留给客人傲慢自大的印象，从而有碍主宾交往。

温馨提示：

☐ 远客到来时应该由主人亲自迎接，或由专人前往车站迎接。

☐ 如果客人是初次到来，应该准备接站牌。

☐ 应该提前赶到客人下车的地点，避免让客人等待。

接待客人要注意仪表

蓬头垢面地招待客人，客人怎么能觉得主人是真心实意的呢？

接待客人时穿着睡衣甚至内衣，客人一定会觉得自己走错了地方，并且不知道把眼睛放在哪里更合适；接待客人时蓬头垢面，牙齿上还沾着食物残渣，一伸手暴露出指甲里黑乎乎的污垢，这样的形象想必主人自己照照镜子都会觉得难为情。接待客人时不注意自己的仪表是不合礼仪的。

温馨提示：
- 接待客人前应洗澡、穿上干净整齐的服装。
- 男主人应该刮胡须，女主人应该化淡妆。
- 接待客人之前，应祛除口臭等不雅的气味，可在室内喷洒清新剂或使用香水。

敬茶后要及时添茶

敬茶不可不添茶。敬茶不添茶，等于是告诉客人：不想招待你了。

在中国传统礼仪上，敬茶讲究"不过3杯"，但是只敬一杯，显然是"不够意思"的。如果主人的茶叶是上品，主人只敬一杯，客人会觉得主人太小气、太不近人情。如果客人是初次到访，只敬一杯，客人会认为主人欺生；若客人是熟客，只敬一杯，客人会觉得主人与自己疏远。

温馨提示：
- 向客人敬茶后，当客人杯中水剩下三分之一左右时，应及时添水。
- 当茶水颜色变淡时，应为客人换新茶。
- 添水时，要把茶杯放在桌边，不正对客人，以免茶水溅到客人。

留宿客人要问客人的习惯

让客人在自己家留宿时,不问客人的习惯,按自家习惯照顾对方是不对的。

客人不习惯睡软床,你却特意在为客人准备的床上加铺厚厚的床垫,虽是好意,却让客人无法享受;客人不喜欢看肥皂剧,你却在招待客人期间极力向客人推荐,并请对方和你一起看五集连播的电视剧,客人内心一定苦不堪言;客人习惯晚睡,你却早早地把客人安顿好、嘱咐他早点睡,并随后就去自己的卧室玩电脑游戏,客人一定会觉得你是在向他表示厌倦和不满。

温馨提示:
□ 留宿客人时,应事先询问客人对住宿环境的要求。
□ 留宿客人时,应针对客人的年龄、性别、身份进行安排。
□ 留宿客人时,应尽量为客人营造整洁、安静的环境。

在家中宴客比在外宴客对客人更重视

许多人认为,请客理所当然要去酒店、饭店,酒店或饭店越豪华,花费越多,表示对客人越尊重。其实不然。

高级酒店再好,气氛再迷人,也说明主人把客人当"外人";在家宴请,则能体现出主人的关切和真诚。何况家庭所独有的温馨气息是任何奢华的饭店都无法营造的。主人请你去家里吃饭,也表示主人对你很信任,已经把你当"自己人"了。

温馨提示:
□ 设宴款待贵宾,尤其在私人关系中,宴请客人时应该在家中设宴。
□ 在家设宴时,应该根据客人的身份而设定规格。

□不太熟悉的人，如关系一般的同事、同学、老乡等，无需在家宴请。

点菜要问客人是否有禁忌

点菜不问客人有什么禁忌，不是合格的主人。

请客人吃饭不问禁忌，为不喜欢吃甜食的人点甜点，为喜欢吃辣的人点一丁点辣椒都没有的清淡菜，为喜好素食的人点大量味道厚重的肉食……也许你点的菜都是你最喜欢吃的，也许是花费最高的，也许是当地最有特色的，但不一定是客人喜欢的或者是客人能吃的。

点菜不问禁忌，非但不礼貌，还会让人误以为是侮辱或故意为难、虚情假意。

温馨提示：
□点菜前应询问客人有什么饮食上的爱好和禁忌。
□点菜时如果在场者有少数民族或外国同胞，应询问对方的饮食习惯。
□如果在场有身体不适的客人，应询问对方健康方面的禁忌。

待客殷勤有度

待客过于殷勤并不是礼貌的表现。

客人喜欢安静，你却热情地滔滔不绝，对方一定会烦躁；客人希望主人不那么客套，你却一口一个"您请"，时时保持鞠躬的姿态，对方一定会感到承受不了；客人饭量很小，你却不依不饶地往客人碗里堆菜，并预先盛两三碗饭预备客人吃完第一碗后替换，对方一定会感到为难且"吃不消"。待客过于殷勤，会使你显得卑躬屈膝，容易让家人产生妒忌心理，同时也让客人感到巨大的压力。如果客人有权有势，还会怀疑你有利用他的打算。

温馨提示：
□ 待客时不要强迫客人吃东西、喝水。
□ 不要在客人面前堆太多东西。
□ 不要事事都为客人代劳。

送客要送到门外

　　送客不到门外，你对客人的招待不算做得圆满。
　　客人提出告辞，主人立即起身挽留，但只是目送客人自行出门，这样的挽留未免太虚伪勉强。送客不到门外，说明主人在潜意识里早就在盼望客人离开。客人有了这样的认识，心里必定不会舒服。整个接待过程都非常热情、到位，而主人不把客人送到门外，就会将主人的全部殷勤消融殆尽，可谓是功亏一篑。

温馨提示：
□ 送客要送到门外、楼下，并亲切道"再见"。
□ 如果客人初次到来，应将客人送到稍远一点的地方。
□ 对于贵客，可将其送到车站，并为其准备礼品。

不可在客人刚走后就议论客人

　　客人没走远就议论客人很容易引起对方误解，是不应该的。

客人没走远就议论对方最近发生了哪些事,议论对方和哪些人交往等等,如果主人对客人的议论是好的评价,客人会觉得主人在作秀给他看;如果主人对客人的议论是负面的,客人会觉得主人招待自己是违心的。无论主人议论客人的什么方面,都是在客人背后议论,这样的人是不受欢迎的。

温馨提示:
☐ 客人离开家门后,不要谈任何与客人相关的话。
☐ 客人出门后,主人不要指着客人的方向说话。
☐ 客人未走出主人的视线时,主人不要掩口和家人说话。

客人走后要轻声关门

不要在客人走后马上大力关门。

客人走后马上大力关门,给人的感觉是主人对客人很不耐烦,早就盼着客人离开,甚至还有厌恶和故意做给客人看的嫌疑。如果客人此次上门的目的是道歉,主人这样做显然是将自己接受道歉的行为推翻了;如果客人上门的目的是求助,主人这样做会让客人感到心灰意冷;如果来客是长者或上级,主人这样做无疑是搬起石头砸自己的脚。

温馨提示:
☐ 会客结束,主人应目送客人出门。
☐ 会客结束,应待客人走远再关门。
☐ 关门时动作要轻,不应发出沉重的声音。

送客不必太远

送客一程又一程,并非热情的表现。

送客太远,客人会感到过意不去,觉得拖累了主人。遇到喜欢独行的客人,则会觉得主人太琐碎。如果待客时宾主已经尽兴,送客时难免会沉默,从而产生无话可说的尴尬。

温馨提示:
□送客要有分寸,除非客人对路线确实很不熟悉,否则不必送太远。
□送客时,说话举止不要太客套。
□送客不要到最后反倒要客人回送主人。

不可深夜让客人独自返回

深夜让客人独自返回是错误的。

如果客人年老体弱或者是年轻女性,深夜令其独自返回是对其安全的不负责任;如果客人住处很远,深夜令其独自返回会让客人受颠簸以及牺牲睡眠之苦;如果天气不好,让客人独自在深夜返回会让客人深受恶劣天气的侵扰。深夜让客人独自返回的主人,会给人以无情无义、铁石心肠的印象。

无论如何,深夜时分让客人独自返回,从交通、安全、健康等各方面看,对客人都很不利。主人待客却让客人返回时遭遇不愉快,显然是不合礼仪的。

温馨提示:
□深夜聚会结束后,应将客人尤其是女性客人送回住所。
□深夜聚会结束后,如果客人住处不远,应陪同行一段路。
□如果客人住处较远,应为客人安排住宿。

第十五章

办公场合礼仪
Office occasions etiquette

递送尖状物时尖端应朝向自己

递送尖状物时不应该让尖端朝向对方。

别人递给你锥子的时候,把锥尖朝向你,尽管是你要求对方递送,对方也热情而态度礼貌,但这种方式多少会让你心里害怕烦躁。递送剪刀、水果刀等工具,尖端朝向别人会给对方以威胁感,如果不小心伤到对方,更是尴尬非常。

温馨提示:
□递送刀、剪等物时应将尖端朝向自己。
□递送尖状物时不要抛送。
□递送尖状物时要等对方接到手里后再放手,以免掉落地上。

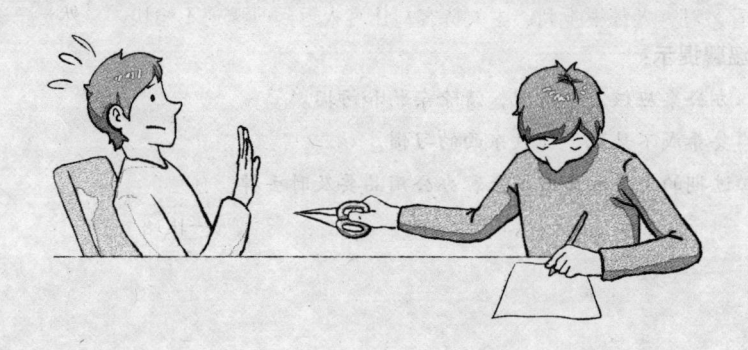

穿制服要注意职业形象

身穿制服的人,如医生、警察、服务员等,都给人一种专业、干练的印象。但如果身穿制服却不注意职业形象,就令人不敢苟同了。

身穿制服走路东摇西晃、满嘴脏话,这样出入社交场合,这些表现都会玷污职业形象,使人倍添厌恶之感,容易被人疑心为"扯虎皮拉大旗"、不务正业,还让人分不清穿制服的人究竟是在工作还是玩忽职守。

温馨提示:
□ 穿制服时,应按照规定整齐着装,不得搭配其他非职业装。
□ 穿制服时,言行举止要符合工作条例。
□ 穿制服时,不要出入非工作场合,更不要出入娱乐场合。

及时清理杂乱的办公桌

不清理办公桌的人,不懂得尊重自己和别人。

办公桌长期不清理,就会妨碍自己及时找到需要的文件,降低工作效率。如果外单位来参观学习,看到你杂乱的办公桌,一定会觉得你所在的单位徒有虚名。领导前来视察时,不提前清理办公桌,领导就会认为你不把领导放在眼里。办公桌杂乱的人,难以让别人相信他做事有条理。

温馨提示:
□ 办公桌应该定期清理,清除杂物和污垢。
□ 要养成不乱堆、乱放东西的习惯。
□ 过期的文件和废旧纸张、办公用品要及时丢掉。

使用公共设施要有公共观念

使用公共设施缺乏公共观念的人容易被别人看不起。

工作单位里有健身器材,你一到休息时间就抢占自己喜欢的健身器材,不给他人使用的机会;公司的洗手间备有卫生纸和洗手液,你发狠使用,浪费很多;公用的打印机、电话、传真机等设施,一旦轮到你用就不顾他人在一旁等候。公共设施是为大家设置的,使用时缺乏公共观念,不礼让他人,不替他人着想,大家就会把你当作另类,认为你不合群、自私自利、浪费成性。

温馨提示:
□ 使用公用的打印纸、油墨等文具时,应当注意节约。
□ 使用水龙头、健身器材等公共设施时应该注意保护。
□ 多人同时使用公共设施时应该替他人着想。

办公室里要控制情绪

在办公室里不控制情绪会引出很多不必要的麻烦。

工作上出了点问题,与客户吵架了,受到别人的误解了……遭遇不快时,就拉长着脸,对每一个和自己说话的人翻白眼;周末时买彩票中奖了,发奖金了,见到老朋友了,买到心仪已久的衣服了……遭遇喜事时,就抑制不住自己的兴奋。在办公室里常常出现这种不控制情绪的人。不控制情绪,会使自己受情绪控制而不能很好地工作,还会将自己的情绪传染给别人,影响别人工作;不控制自己的情绪,便不能让别人感到放心,别人就不会将重要的工作交给你做。

办公室不是发泄情绪的场所,不要对自己的情绪不加控制。

温馨提示：
□ 在工作场合受到委屈或批评，不应转嫁到同事身上。
□ 不要把私人情绪带到办公场所。
□ 受到嘉奖或取得成绩时不要太张扬。

不可高声喧哗，旁若无人

在办公场所高声喧哗，是没有公德的表现。

讨论问题也好，发表见解也好，对别人的误解进行辩解也好，都无须高声叫嚷，否则别人会觉得你急于以声势夺人而忽略你经过深思熟虑才讲出的话语。说话声音太吵、太高，会让旁边的人心烦意乱、无法静心工作。如果你所说的内容有关行业机密，那就是泄密的举动了。

温馨提示：
□ 在办公时间和办公场所讨论问题时应做到不打扰他人。
□ 在工作场合批评下属时不应高声斥责。
□ 在办公休息时间，开玩笑、说话等声音不要太大。
□ 上班时间最好不接打私人电话，可用发短信的方式给对方回电话。

禁用办公资源做私事

用办公室的电脑浏览娱乐新闻，用公司的打印机打印网络小说，用公司的电话和朋友聊天，用公司的信纸和信封写私人信件，等等，如此做法，都是用办公资源做私事的表现。这是应该杜绝的行为。

用办公室资源做私事，说明你自私自利、爱贪小便宜。如果因为做私事而导致公司处理紧急事件时资源告急，你就有渎职之嫌。如果你是领导，就会导致上行下效，无法树立威严和榜样。办公资源你都做私事用了，大家工作时就不够用。

温馨提示：
☐ 办公室资源应做到专管专用，加强不滥用的自制力。
☐ 办公用品不要拿回家自己用，更不要送给别人。
☐ 使用办公用品要有分寸，懂得合理利用和节约使用。
☐ 如果有办公用品损坏了，应及时向公司反映，购买补充。

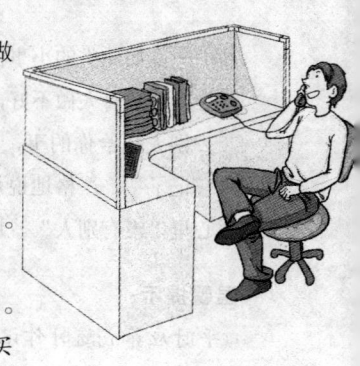

无事不可乱串门

上班时间无事乱串门不是让人称道的好行为。

无事乱串门给人以无所事事、闲得无聊的印象；随便串别人的办公室，必然会打扰别人工作；随便串别人办公室还会让有些人误以为你想刺探别人隐私或"监视"对方。无事乱串门，如果遇到相关检查，你还会连累别人。平白给别人添麻烦，当然不合礼仪。

温馨提示：
☐ 办公期间不要因为私事或无关紧要的小事随便串别人的办公室。
☐ 进入别人的办公室应征得对方同意。
☐ 进入别人办公室的时间不要太长。
☐ 进入别人办公室不要高谈阔论，不能大声喧哗。

及时传达小事情

下午两点要开集体会，明天上午要去某科室填表，该领新的办公用品……诸如此类的小事情，不费脑筋，不用思考，只是简单地传达即可。即使这样，也总有人做不好，因为他忘记去向他人传达了。

别人托给你的事，无论大小都需要负责。忘记传达小事情，简单地说是"忘记了"，严格地说是辜负了别人的信任，耽误了别人的时机，同时也说明你心里"没有别人"。这是办公室礼仪所不允许的。

温馨提示：
□ 平时应养成随时作记录的习惯。
□ 对于需要及时传达给别人的小事情，应该尽量在第一时间通知对方。
□ 如果担心自己遗忘，可以请别人代为传达。
□ 事无大小，都要抱着对别人负责的态度来完成。

尽量不要迟到、早退或到场太早

参加会议时迟到、早退、到场太早，都不可取。

迟到和早退都需要在众目睽睽之下穿过会场，干扰会场秩序。即使你在最后排就座，也表明了你对会议的轻视、对发言者的不敬，还体现出你目无集体、目无纪律、过于自我、没有时间观念等种种缺点。

而到场太早，通常情况下你既不能为筹备会议的人帮上忙，还会给人以监督筹备者、好奇而窥视会场的印象，你还可能干扰会场筹备人员的工作。

温馨提示：
□ 参加会议、正式宴会等集体活动不应迟到。
□ 参加酒会、舞会等非正式活动时允许迟到和早退，但必须和周围的人打招呼。
□ 一般情况下，参加集体活动应提前10分钟到达，不要太提前，以免筹备者尴尬。

第十六章

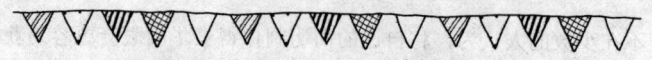

面试礼仪

Interview etiquette

简历内容要规范

　　简历没有统一的格式、基本资料不全、字体和字号混乱、错字连篇、在照片一栏里贴自己的搞笑大头贴……这样一塌糊涂的简历，相信没有一个招聘单位会欢迎。

　　简历不规范，会让招聘单位怀疑你的学历和能力，怀疑你的人品和求职态度、求职热情；简历不规范，人却打扮得神采奕奕，会让招聘单位难以将简历与你本人联系在一起；简历不规范，会暴露出你粗心的缺点。

　　简历其实是你的门面，带着不规范的简历应聘自然是不合礼仪的。

温馨提示：

□ 简历的内容应包括最基本的姓名、性别、年龄、毕业学校等个人资料。
□ 简历的内容还应包括个人的主要经历、主要成绩和简单的自我介绍。
□ 简历不应有彩色个人艺术照、长篇大论以及过于花哨的格式。

简历制作要朴素大方

有不在少数的人认为，将自己的简历制作得豪华耀眼会更容易获得应聘机会和成功，其实没必要。

刻意使用高级纸张，采用富丽堂皇的印刷效果，将简历制作得像高级请柬或菜单，说明你注重做表面文章，还说明你奢侈浪费，招聘方容易认为你华而不实。如果招聘单位恰好特别崇尚朴素，你的豪华简历无异于向对方提出批评和挑衅。

温馨提示：
□ 制作简历不宜使用豪华纸张。
□ 制作简历不宜烫金、压膜。
□ 简历不宜制作成相册式封面。

简历内容要详略得当

有的人的简历真称得上"简"：一张让人感觉不到分量的薄纸，上面的材料少得只相当于名片。这种简历不合格。

简历太简，一方面说明你对自己不够负责、不够自信、不注重自己的形象，不注重细节，对自己要求过低；另一方面说明你对应聘单位不够负责，不够诚实，不肯向对方透露足够翔实的个人信息。过于简单的简历还说明你对自己所应聘的职位采取的是无所谓的态度，让人误以为你对自己选择的职业不尊重、不信任。

温馨提示：
□ 简历不应只包含个人基本资料。
□ 简历上的字数不能太少。

□ 简历用纸不能太薄、太次。

简历不可弄虚作假

有的人在简历上虚构自己的工作经验，照抄别人的自我评价，把别人获得的奖项挂到自己名下，修改在校成绩，在简历上写自己根本不具备的能力和优点……诚信是任何招聘单位都极为看重的要点，也是应聘礼仪的必备项目。如果你通过虚假简历侥幸进入面试，但很快就被发现制作虚假简历的事实，其结果不仅是遭到眼前这家招聘方的拒绝，还有可能会招致所有招聘单位的拒绝。

在简历上弄虚作假，即使你外在表现得非常彬彬有礼，也是无法真正达到礼仪标准的。

温馨提示：
□ 简历上的个人基本资料应该保证真实。
□ 简历上的个人经历应该保证真实。
□ 自我介绍、个人学历、所获奖励及工作经历都应保证真实。

个人资料要准备充分

参加面试时，个人资料准备不足是错误的。

招聘方已经事先提醒你需要携带哪些证件来面试，你却只带着身份证就前去应聘，这肯定不行。不准备足够的资料就去应聘，暗示出你对招聘不太热心，或者丢三落四；个人资料不准备充分，还会让招聘方疑心你不善于规划自己的生活和工作；个人资料不准备充分，就无法按照招聘方的要求进行互动，更无法充分展示你的实力和诚信。

温馨提示：
□ 个人资料应根据自己应聘的单位和职位进行充分准备。
□ 个人资料应包括自己的简历、求职信、相关证书（或证书复印件）、证明、介绍信。
□ 如果有必要，个人资料应该包括自己的文字等各种作品。

求职时要事先了解应聘单位

求职时对招聘单位一无所知是应聘的大忌。

对应聘单位不了解而前去应聘，招聘方会认为你没有明确的职业定位，尚未真正做好求职准备。盲目求职不但会让你因为对招聘方缺乏了解而处于不利地位，还可能因为同样的原因而出言不当，或者回答招聘者的提问时驴唇不对马嘴而贻笑大方。求职时对招聘单位一无所知，说明你盲目鲁莽、自以为是，对招聘单位不尊重，没有真正的诚意。

温馨提示：
□ 求职前应对用人单位的性质、规模、用人标准等有所了解。
□ 求职前应了解一些招聘方的企业文化。
□ 求职前应对自己所应聘的职业有一定的认识。

进入面试场所时要敲门

进入面试场所时不敲门，不是礼貌之举。

是否懂得尊重人、是否懂得如何尊重人也是面试的重要考察内容。进入面试场所不敲门，首先就会给招聘方一个莽撞无知的印象。俗话说"先入为主"，不佳的印象自然会影响到对方对你的评价。进入面试场所不敲门，还会让对方认为你急于求成、不够沉稳和成熟。如果招聘者正在抓紧时间认真准备,而房门又紧闭着,不敲门就进入面试场所会让招聘方有受惊之感。

温馨提示:
- 进入面试场所时,如果房门敞开,应首先向室内的人点头致意。
- 进入面试场所时,如果房门紧闭,应有节奏、有力度地在门上轻敲两三下。
- 如果房门虚掩,也要在门上有节奏地轻敲两三下。

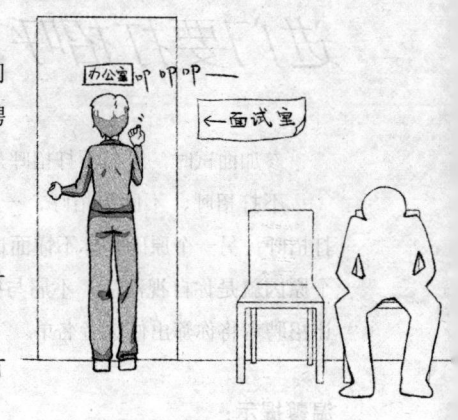

离开时要随手关门

面试结束离开时,不随手关门是不礼貌的。

关门动作虽小,却体现出一个人做事是否有始有终,是否懂得为他人着想,做事是否细致用心。离开时是否随手关门,从这个细节也可以判断出面试者的心理素质是否良好。如果他很紧张或因为自己感觉胜券在握而得意忘形,就容易忽略关门这个动作。单从尊重别人的角度来看,离开时随手关门也是必需的礼节。

温馨提示:
- 离开时应态度恭敬、动作轻柔地将房门带上。
- 关门时应避免发出沉重、刺耳的声音。
- 关门时动作要利索,应避免推拉好几下。

进门要打招呼，并回应招呼

参加面试时，进门不打招呼是无礼的，不回应招呼更是无礼。

不打招呼，不回应招呼，一个原因是你怯场，不敢打招呼，不知道如何打招呼；另一个原因是你不懂面试的基本礼仪，忽略了打招呼这一环节；再一个原因就是你自视清高，不屑与招聘者打招呼。这3个原因的任何一个都足以让招聘者将你筛出候选者名单。

温馨提示：
☐ 进入面试场所后，应向在场的主考官礼貌问候"您好"或"大家好"。
☐ 进入面试场所后，如果面试官向自己问好或微笑，应礼貌地向其回礼。
☐ 问候或应答面试官时，声音要清晰、饱满。

未经允许不可落座

参加面试时，未经面试者允许就坐下，会让别人反感。

未经允许而自主落座，也许你会坐错位置，与此同时，你已经给招聘者留下了过于随便、自我的印象。如果不在招聘者指定的位置就座，你会被认为是没有听清楚他的指示，或者故意挑选自己喜欢的座椅。

温馨提示：
☐ 进入面试场所后，应根据招聘者的提示和指示就座。
☐ 如果招聘方未提供座位或未请你落座，应礼貌询问。
☐ 落座时动作要轻而敏捷，坐下后身体要端正。

说话速度要适度

参加面试时，说话速度过快或过慢都不会给你的表现加分。

说话速度太快，容易给人以慌张失措之感。如果面试接近尾声，语速过快会显得你急于结束面试。在面试者看来，这是不耐烦和没有诚意的表现。说话速度太慢，容易给人以傲慢无礼之感。如果一直这样，面试官会觉得你不尊重对方，并故意摆出老成持重的样子，同样显得虚伪、没有诚意。更主要的是，说话语速过慢给人以思维能力差、反应能力差的印象，这显然对应聘成功不利。

温馨提示：
□ 参加面试时，说话速度应以对方听起来不费力为宜。
□ 参加面试前，可以事先练习说话速度，请别人帮你体会速度是否合适。
□ 面试过程中，可根据面试者的表情适当调整说话速度。

谈话内容要简洁

参加面试时，面试官请你作1分钟自我介绍，结果你却用了1分半；面试官请你用1句话来陈述自己的观点，你却断断续续用了5句话；面试官请你用两句话概括一下你对招聘单位的印象，你却滔滔不绝地讲了一大堆。这些说话内容不简洁的表现是不应该出现在面试场合中的。

说话内容不简洁，首先，面试官难以很快了解你说话的重点和含义；其次，会为面试官营造出一个啰唆、低效的形象；第三，明显地会耽误时间，如果面试官每天要面试很多应聘者，你这样的表现无疑会使其心情很不好。

温馨提示:
□ 面试过程中，说话一定要简洁而准确。
□ 面试过程中，应避免使用太多口头语和无意义的语气词。
□ 面试过程中，无论是提问还是回答，都应事先在头脑中组织、简化语言。

说话声音要稳定

在面试中声音颤抖会使人难以赢取面试官满意的目光。

面试时声音颤抖，第一是不利于你和面试官交谈，颤抖的声音会影响双方交流的心情和顺畅程度；第二，颤抖的声音会明显暴露你内心的紧张，面试官会觉得你应变能力太差、不自信、胆怯。如果你应聘的恰好是销售、培训师之类需要与陌生人打交道的职位，这样一来，胜算的概率会大大降低。

声音颤抖虽然不能说明你不懂礼貌，却能很明显地影响你的仪表和仪态，给人留下生涩、拘谨的印象。

温馨提示:
□ 参加面试时，应事先稳定心态。
□ 参加面试的过程中，应避免时刻提醒自己"不要紧张"，以免反倒陷入紧张状态。
□ 参加面试时如果声音颤抖，可以尝试用深呼吸的方式进行缓解。

耐心听清问题再回答

面试时不要未等听清问题就回答。

不等听清问题就回答，是性急和莽撞的表现，也是头脑简单、思考不到位的表现。不等招聘者把话说完就回答问题,是对其不敬的表现。不知道对方到底在问什么就回答,答非所问的结果在所难免。不耐心听清问题,说明你沉不住气,也说明你自视清高,不能正确评估自己的理解能力和判断能力。

温馨提示:
▫ 回答问题前,要注意招聘者的表情和态度。
▫ 回答问题前,要准确理解招聘者所说的内容和深层含义。
▫ 回答问题时,应待提问者问完话再开口。

第十七章

职场应酬工作礼仪

The workplace work dinner party etiquette

不可只跟老板打招呼

在工作场合中，不要只和老板打招呼。

初入职场的新人，面试时印象最深的是老板，上班第一天第一个见到的也是老板。开始只和老板打招呼情有可原，但过一段时间以后仍然这样，就令人匪夷所思了。别人会觉得你和老板关系不一般，如果你和老板不是同性，大家更会如此认为。只跟老板打招呼，别人会认为你欺软怕硬、故意冷落同事或者害怕与同事交往。只跟老板打招呼，不利于你与同事展开合作和交流，会给人留下不合群、孤僻的印象。

温馨提示：
□ 在工作环境中，不要只和领导打招呼。
□ 在工作环境中，不要只和自己部门的同事打招呼。
□ 在工作环境中，不要只和认识的人打招呼。

不可做绝对服从、照章办事的老好人

服从命令，照章办事，这是很多人心目中"好同志"的形象。实际上，如果你毫不变通地绝对服从，照章办事，你的行为就有待商榷了。

领导一时兴起做出了一个不合理的决定，身为助理，你虽然看出了不合适之处，却不加提醒地完全照办，造成漏洞百出的后果，这显然会影响领导的威信；同事因公紧急出行，身为考勤人员，你却坚持让其按规定详细填写表单，结果导致对方延误时机，这显然会招致对方的不满。同时你必定会成为他人眼中的"死脑筋""一根筋"，这不利于你与他人的交往。

温馨提示：
□ 接到上级指示时，应适当提出询问或建议。
□ 同事交代的任何事情，遇到有疑问的地方，一定要及时而有礼貌地提出来。
□ 遇到他人事件紧急需要特殊办理的时候，应合理地给予照顾和通融。

在职权范围内自主决断

你是否和很多人一样，认为在办公场合，作决定前征求所有人的意见是礼貌的做法，同时又显得你谦虚谨慎、善于与人沟通，且非常尊重他人呢？如果你回答"是"，那么你错了。

作决定前征求所有人的意见，从工作能力的角度而言，别人会觉得你事事都需要别人帮助，没有工作能力，缺乏主见；从人际关系的角度来讲，别人会觉得你不懂得体谅别人的难处，事事打扰别人，很不礼貌，甚至会让对方不胜其扰。

温馨提示：
- 身为领导，作决定前与部分或全部高层人员商议即可，必要时自己全权做主。
- 身为某项工作或某个部门的负责人，应该对自己的决策能力有信心。
- 身为下属，作决定前如果不太确定，直接征求领导的意见或建议即可。

切忌越级请示领导

越级请示领导，在有些人看来是工作积极、办事及时、讲究高效且利于树立自身形象的行为，其实不是。

你做事前越过直接领导而请示高级领导，既会给高级领导增加工作量，又会使直接领导感到自己被忽视、被隐瞒。如果高级领导下查，难免给你的直接领导带来"失职"的麻烦。越级请示领导，别人会认为你和直接领导有个人恩怨，或者认为你有特别的目的。越级而打乱秩序和流程，本来就不合乎办公礼仪，再惹出一串不必要的麻烦，更是错上加错。

温馨提示：
- 平时应该与直接领导及时沟通，保持联系。
- 与自己的直接领导沟通时要注意方法，要尊重对方。
- 发生矛盾时，首先应该冷静思考，而后礼貌而委婉地与自己的直接领导沟通。

认真对待琐碎却必要的工作

有人大概觉得，工作中的许多事情是可有可无的、不必做，或者觉得自己做"大事"就可以，一些鸡毛蒜皮的小事没必要做。这样想是错的；这样做就更是错的了。

记录每天要做的事以及最近一段时间的具体安排；将每一份上交给领导的文件整理好，做好标记；及时清理废旧文件，主动而及时地给客户打电话，调整工作任务……诸如此类的琐碎事情，如果你不做，工作效率就很有可能降低。从礼仪角度来说，对琐碎工作不屑一顾，会给人以势利、浮躁的印象。如果你职务高，有欺上瞒下之嫌；如果你职务低，有以工作泄私愤之嫌。

温馨提示：
□ 工作无论大小和轻重，都应该认真对待。
□ 对待工作不要有浮躁心态。
□ 不要将琐碎却必要的工作让别人代做。

接受任务时不可嘀嘀咕咕

接受任务时嘀嘀咕咕，看起来无关紧要，其实有违礼仪。

接受任务时嘀咕："又让我做""又做这种事情""可恶"，这些话在员工口中是最常见的。嘀嘀咕咕，说明你心存不满，或者对自己的能力有怀疑。嘀咕声音越含糊，别人就会越疑心，从而对你产生不安全感和不信任感。无论你如何看待自己的任务，不能礼貌地接受或者不能礼貌地提出异议都是违背礼仪原则的。

温馨提示：
□ 接受任务时如果有疑问，应该及时询问。
□ 接受任务时如果有不满，应该克制。
□ 如果对自己接受的任务有压力，应及时调整、缓解。

对同事的能力表示信任

怀疑同事的能力，很容易遭遇同事的不满、不服气甚至怨恨。

如果老同事怀疑新同事的能力，新同事多半会觉得委屈；如果男同事怀疑女同事的能力，有性别歧视之嫌；如果性格开朗的同事怀疑性格内向的同事做不好工作，有以貌取人之嫌。既然同事在其位，必定会谋其职；既然同事能得到工作岗位，他就有足够的能力应付工作。怀疑同事的工作能力，不仅是对其能力的"不看好"，更是对其人格的侮辱。

温馨提示：
□ 不要对同事的工作能力表现出不屑。
□ 不要对同事的工作能力表现出不信任。
□ 不要对同事的工作指指点点。

要懂得适当求助别人

从不向别人求助，你是否觉得这样的人在单位里才有威信，才称得上是实力派？这样的员工不会给别人带来麻烦，就肯定是最受尊敬的员工？不一定。

职场新人不懂得在工作上适当求助"前辈"，有腼腆自卑或自大狂妄之嫌；普通员工不懂得在工作上或情绪低落时向同事求助，有"冷血"或"自作自受"之嫌；上级不懂得在工作上和日常小节上向下属或同事求助，有"不近人情"或"工作机器"之嫌。适当向别人求助，并非暴露自己的弱点，而是因为如不此就难以更有效地贴近别人，从而更好地理解别人、与别人建立良好的关系，以及更好地在工作上进行合作。

温馨提示：
□ 不要在自己做不好的事情上一味下蛮力。

□ 当自己有困难时，应主动、及时地向同事或领导请教。
□ 当自己的确没有别人做得好时，不要拒绝让同事插手。

与别人共用办公桌时要懂得礼让

与别人共用办公桌时抢占大部分"地盘"是错误的。

与别人共用办公桌时占据大半"领地"，会给人以霸道而自私的印象，也会影响同事的正常工作、扰乱同事的心情。此外，这样做还容易让你和同事的文件混到一起，从而影响办公效率。不为他人着想，必然会影响办公室的氛围，破坏办公室的整洁、和谐与公平原则。

温馨提示：
□ 与别人共用办公桌时要照顾到别人的需要。
□ 与别人共用办公桌时不要故意与对方抢占。
□ 与别人共用办公桌时应尽量减少桌上物品的数量。

对同事的零食应接受

拒绝同事的零食是不礼貌的。

礼仪规范要求我们，要为他人考虑，要懂得站在他人的角度想问题。拒绝同事的零食就是拒绝同事的热情和真诚；拒绝的同事的零食，就是间接对同事的健康和卫生状况的怀疑。如果对方是职场新人，遭到同事的拒绝会感到沮丧；如果对方是出于庆祝的目的，拒绝就是拒绝向对方表示祝福的暗示；如果对方是异性，拒绝零食是对其有防范心理的暗示。

温馨提示：
- 非工作时间，同事递给你零食，应坦然接受。
- 同事向大家分发零食，你应该礼貌地接受并表示感谢。
- 如果你由于身体原因不能吃某些零食，拒绝同事时应说明原因并致歉和道谢。

分清工作关系与私交

工作关系是不能与私交混为一谈的。

因为自己和某人私交甚好，就请对方帮自己搪塞领导，以便出去办私事，这等于是给同事制造风险；因为自己与某人是大学同学，就处处让对方帮自己处理琐碎的工作，这等于是给对方增添工作量；因为工作中同事与自己的合作出了差错，就在私下与其结仇，这等于是将工作上的失误转嫁到私人关系上。将工作关系与私交混为一谈，工作和私交都会受到不良影响；将工作与私交混为一谈，你的人品和工作能力及工作热情就会遭到质疑。

温馨提示：
- 不要将工作中自己和别人的失误归结到私交问题上。
- 不要在工作时间找同事谈私事。
- 不要利用私人关系在工作上干扰同事工作和决策。

积极参加下班后的同事聚会

逃避下班后的同事聚会不是明智之举。

劳累了一天，同事邀请你下班后和大家一起吃饭、开舞会，你无论喜欢与否、有时间与否，一概拒绝，这样会使你显得很另类，很不合群，别人会认为你古怪、戒备心强。逃避下班后的同事聚会，别人会以为你另有缘由。一次还说得过去，每次都逃避，就说明你有意与同事拉开距离，讨厌同事或者害怕同事。

逃避下班后同事的聚会，会让你逐渐失去同事的信任和好感。

温馨提示：

□ 如果自己的确不能参加，应礼貌而诚恳地向大家说明情况。
□ 同事举行集体聚会时，无论答应与否都要态度明朗而干脆。
□ 对于一些有益的集体活动，应该主动而积极地参加，并踊跃表现。

尽快接待正在等待的客人

有人来单位访问你，恰好你有预约的电话要打，但打完电话却忘记了坐着等待你的客人。这样做是很不礼貌的。

遗忘正在等待你的客人，对方会认为你不把他放在眼里。如果对方有很重要的事情找你，你的遗忘会让他觉得你在故意逃避；如果对方是初次来访，你的遗忘会给他留下不负责任、没有人情的印象；如果对方是长辈，你的遗忘会让他觉得你在表示蔑视。遗忘等待中的客人，除了给人留下不好的印象，显然还会浪费对方的时间。

温馨提示：

□ 自己暂时无暇招待访客时，应请人代为陪伴。
□ 有客人在等待时，应将自己手头的事情尽快处理好或暂时放在一边。
□ 请客人稍等时，应告诉客人大致的时间并严格遵守，避免让客人久等。

对同事的客人也要热情接待

对"自己人"才表示礼貌，这不仅不能赢得"自己人"的信赖和感谢，相反可能会使"自己人"对你"另眼相看"。

对自己的同事热情相待、温暖如春，对自己的客人殷勤备至、温声软语，极有耐心，对待同事的客人以及自己不认识的访客却冰冷相待。这是"两面派"的做法，是"看人下菜碟"。

把陌生人和同事的客人当"空气"，自然无法表现出礼仪的实质。

温馨提示：
☐ 同事有客来访时，应热情对其打招呼。
☐ 同事暂时无法招待客人，而你有时间，在不违背原则和纪律的情况下应主动招待对方。
☐ 对待同事的客人不要视而不见。

包容和自己意见不同的人

不要随便指责和自己意见不同的人。

指责与自己意见不同的人会显得没有修养、沉不住气。如果你是晚辈，批评别人是犯上；如果你是长辈，批评意见不同的人是欺小。如果你是正确的，指责别人就是得理不饶人；如果你是错误的，指责别人就是强词夺理。指责别人本身是不礼貌的行为，因为别人意见与自己不同而指责别人，会显得别有用心。指责别人如果态度恶劣、言辞激烈，就变成了中伤。

温馨提示：
☐ 当别人与自己意见不同时，应耐心听别人的言论。
☐ 如果别人与自己的意见不一致，强调自己的观点时应礼貌、沉着。

□ 不应没有原则地对与自己意见不一致的人进行恶意批评。

以友好的态度帮助新同事开展工作

不少职场新人初入工作环境，容易遭到一些老员工的利用和役使。如果你是一名老员工，千万不要这样做。

对新同事颐指气使，会给本来就是生手的新人增添工作任务和心理负担；发懒让新同事帮你做事，你的工作可能会完成得更慢；在新同事面前摆老资格的架子，显然会损害你在对方心目中的形象。在其他老同事的眼中，你的做法也会令他们不齿。对新同事颐指气使是不尊重对方、侮辱对方、利用对方的表现，根本就不是懂礼貌的人应该做的。更何况，随着新同事的进步，你能确定他永远处于劣势吗？

温馨提示：
□ 对待新同事态度要和气而礼貌。
□ 新同事不太适应工作环境时，应主动对其进行指点。
□ 自己能做的事不要利用新同事、指派给新同事。

适度承担一些自己职责范围之外的事情

坚决拒绝不在自己职责范围内的任务是错误的。

别人交代你"如果有电话找我，请叫我一声"，你毫无商量余地地拒绝；别人请你采购办公用品的时候帮他捎带买件文具，你不假思索地拒绝；别人询问你是否能在送文件后返回办公室的时候替他传话给某位同事，你果断拒绝，因为你觉得这些都不是自己工作范围内的事情。

拒绝自己职责范围内的事情，看似公事公办，不掺私人情感，实际上是以工作搪塞自己可以顺便办到的事情，不给别人情面。工作中也需要关心和理解，坚持按"原则"办事，其实正是违背了与同事和睦相处、互敬互助的原则。

温馨提示：
☐ 对于不违反原则而自己又能做到的任务，不应拒绝。
☐ 对自己有时间接受的任务不应拒绝。
☐ 如果确实不能接受任务，拒绝时应该有礼貌。

主动承担责任

推卸责任是工作中严重的失职现象，也是不合礼仪的。

犯了错误不承认本已经让人难以接受，再推卸责任就是执迷不悟。推卸责任是嫁祸于人，是自私而又愚蠢的做法。即使推卸责任成功，替你承担责任者也会从此鄙视你的为人。推卸责任的人难以得到别人的信任，更不会得到别人的尊重。推卸责任会影响你在别人心目中的形象，甚至让你丢掉工作。

温馨提示：
☐ 事情因为自己的原因而出错，不要归咎他人。
☐ 如果几个人同时犯错，不要为自己开脱。
☐ 承认错误时态度要诚恳，应避免强词夺理。

尊重勤杂人员

不尊重勤杂人员的人难以得到别人真正的敬重。

刚刚还和悦、礼貌地和同事说话，见到勤杂人员就立即拉长脸，会显得见识狭窄、心机叵测。不尊重勤杂人员，说明你在意对方的身份和地位，说明你看不起身份、地位较低的人，看不起他的职业和工作。换句话说，你在别人看来善于见风使舵、欺软怕硬。不尊重勤杂人员，也说明你不懂得从人格上去尊重别人，不懂得尊重的真正含义。

温馨提示：
□ 对所有的勤杂人员都要尊重、以平等心态对待。
□ 不要随意制造垃圾或损坏工具，以免给勤杂人员增添负担。
□ 勤杂人员工作时，应主动为其提供方便、礼貌避让。

对同事的帮助要懂得回报

可能有人觉得，"投桃报李"这种事看起来太功利了，职场上做好本职工作就可以了，这种"潜规则"还是不遵循吧。其实，在职场上，虽然人与人之间不必走得很亲近，但一些善举还是很有必要的。

同事在关键时刻为你提了好建议，如果你过后不理不睬，对方就会觉得自己没有受到尊重；同事平时在你心烦的时候开导了你，如果你对他毫无谢意且从不知回报，对方会觉得你铁石心肠。

接受过别人的帮助后，用实际行动来回报对方是礼貌，这与"交换"有天壤之别，别混淆了概念而让人以为你不但不懂礼仪，而且无情无义。

温馨提示：
□ 别人为你提供过帮助，一定要适时向对方表示感谢。

□ 对于帮助过自己的人，如果对方求助，一定要尽力帮助。
□ 如果没有能力帮助关心过自己的人，应该向其提供求助线索。

尽量不打扰工作中的同事

打扰工作中的同事是很不礼貌的做法。

同事正在计算数据，你却上前要求他帮你拿一件物品，对方必定会被你打乱思维，从而影响手上的工作。同事正在专心写一篇材料，初到单位的你却不停地向他询问一些老员工众所周知的事项，对方必然难以集中精力顺利完成他的工作。同事必须在规定时间内完成工作任务，你却一定要就某个工作上的问题和他进行一番讨论，对方一定会觉得你无聊而且可恶。

温馨提示：
□ 同事在专心工作时，不要让其帮你做事。
□ 借用物品时，不要找正在专心工作的同事。
□ 自己有不太重要的事情需要咨询时，不要打扰正在工作的同事。

进出领导办公室要注意细节

进出领导办公室时不注意细节，很容易因此而造成失误，引起别人的误解。

报告紧急事件时，敲门后不等应答就推门而入，如果领导正在接待重要客人，场面多少会有些尴尬。进入领导办公室后，不看领导脸色和忙碌程度，放下文件后就一言不发地站着等候指示，如果领导暂时无暇回应你，这样做是在为难领导。出门时大力关门，发出巨大的响声，等于是在向领导示威、发泄不满。

温馨提示：
□ 进领导办公室之前，应先轻声敲门，并确定领导是否在。
□ 进入领导办公室后，如果领导正在接待客人或接打电话，不要多作停留。
□ 进门与出门时应当及时随手关门。

听上司讲话注意力要集中

听上司讲话时注意力不集中是不对的。

不专心听上司讲话，就无法完全领会上司的意图，因而在执行过程中容易出现差错。不专心听上司讲话，显得心不在焉，是不尊重上司及其讲话内容的表现。听上司讲话时注意力不集中，会被认为是变相的挑衅和反对，此外还会让上司的话失去分量和作用，因而浪费时间和精力。听上司讲话时注意力不集中，还有可能影响他人的情绪，导致其他人分心、情绪波动。

温馨提示：
□ 听上司讲话时，不要不作思考。
□ 听上司讲话时，不要做小动作。
□ 听上司讲话时，不要走神、发呆。

指正下属的错误宜在私下进行

当着他人的面指正下属的错误在很多人看来无可厚非,既使下属受到了警示,又在他人面前展示了自己身为上级的威严。但这样想是片面的。

当着外单位人的面指责下属,会给外单位的客人留下"这个单位的上级无能,下属当然也无能"的印象;当着本单位其他员工的面批评某个下属,被批者会觉得没有尊严,旁观者会担心自己也受到这样的"待遇";当着他人的面指正下属的错误,会给人以好为人师和爱出风头的印象。

无论下属错大错小,当着他人的面指正下属都是在向别人展示下属的狼狈,显然称不上礼貌。上级这样做对下属是不尊重的,同时对自己的形象塑造也没有好处。

温馨提示:
□ 应避免当众批评下属,甚至对其失误进行中伤。
□ 下属犯错,应尽量与之单独交谈,通过详细沟通解决问题。
□ 发生当众指责下属的情况后,应酌情私下里向下属道歉。

要注意当众维护上司的权威

身为下属,不注意当众维护上司的权威是错误的。

在公众面前,当领导仪表上出现瑕疵如鞋底上沾了显眼的纸片时,你不是委婉而不动声色地提醒,而是露出嘲笑的表情;陪同领导外出访问,领导在台上发言时,你不是仔细聆听而是昏昏欲睡。诸如此类的表现,都是对上司权威的亵渎。

不注意当众维护领导的权威,就是不重视你所在单位的形象,不重视你身为下属的职责,也是对自己形象的不负责任。

第十七章 职场应酬工作礼仪 | 111

温馨提示：

☐ 不要当众指出领导的失误之处。
☐ 领导在公共场合失误时，应及时而礼貌地为其适当掩饰。
☐ 当有人对领导表示不敬时，应主动上前制止。

对上司要敢于提出意见

在任何单位供职，身为集体的一员都不应该对上司唯唯诺诺，该提意见的时候不要一声不吭。

唯唯诺诺是一种自卑、畏惧的表现，别人会认为你胆小怕事、办事犹豫、拖泥带水。设想一下，当别人像耗子见了猫一样战战兢兢地对待你，你是否会觉得别扭甚至生气呢？同样的道理，上司面对这种态度时，当然也会感到浑身不自在。唯唯诺诺地对待上司，对方会觉得你没有主见，甚至没有独立工作的能力。

温馨提示：

☐ 与上司相处时，不应表现得过于拘谨。
☐ 上司向自己征求意见时，不应支支吾吾、闪烁其词。
☐ 上司与自己交谈时，不应沉默不语。

切忌升职后马上变脸

做普通职员时对任何人都很和气、热情，单位人事变动后升成了什么"长"、什么"经理"，立刻换了一副嘴脸。这是错误的做法。

升职后马上变脸，别人会觉得你以前的良好姿态都是装出来的，都是为升职而做的准备。如此一来，他们与你的关系必定会迅速冷淡，以后开展工作自然也不会顺利。

升职后马上变脸，要么被认为是小人得志，要么被认为是胸无大志、鼠目寸光。从礼仪方面看，这样做是对别人明显的不尊重。

温馨提示：
- 升职后，应对以前的同事报以同等的尊敬和礼貌。
- 升职后，对待原来的领导应该一如既往地尊敬。
- 升职后，应避免对得罪过自己的同事或领导进行打击报复。

犯错后主动道歉

不肯道歉的人是令人讨厌的。

明知自己错了而不肯道歉，矛盾就无法彻底解决。如果你是无心犯错，不肯道歉会让别人误以为你是有心犯错。如果你的过失很大，不肯道歉会让你更难以得到他人的原谅。如果别人只是需要你道歉的姿态，不肯道歉就容易将事情向负面扩大。不肯道歉不仅无法解决问题，无法使矛盾"大事化小，小事化了"，反而会让人轻视你。

温馨提示：
- 自己犯错后应主动承认并向别人道歉。
- 意识到自己的错误后，应及时向别人道歉。
- 当别人批评自己时，不要置若罔闻。

不摆领导架子

开会时昂头腆肚；平时到下属中间走动时，背着手慢慢踱步，眼睛抬到头顶上；动不动就抬出自己的身份教训下属，摆出目中无人的架势。这就是所谓的"领导架子"。

摆领导架子不利于拉近自己与下属的关系，也不利于拉近自己与高一级领导之间的关系；在同级领导前摆架子，对方会觉得你虚伪。无论你领导几个人，摆领导架子非但无助于你树立威信，反而会使你成为别人私下的笑料。如果外单位人员访问时看到你摆领导架子的模样，对方会觉得你素质不高，你所在单位的形象自然也好不到哪里。

温馨提示：
□ 身为领导，应保持谦虚而落落大方的姿态。
□ 与下属交流时，应避免容易引起摆架子嫌疑的居高临下示人的动作。
□ 与下属说话时，应避免拉长声音、不断重复等等。

在下级面前要以身作则

不能以身作则的领导是不合格的领导，也是不受欢迎和尊重的领导。

身为上级，行为举止乖张做作，穿衣打扮毫无领导做派，这会严重影响单位形象；身为上级，说话缺乏逻辑，做事拖拖拉拉、丢三落四，会严重影响他在员工心目中的形象和地位；身为上级，业务能力差、对待客户不认真、随便推卸责任，这会严重影响单位的风气和自身的威信；身为上级，言而无信、不能严格要求自己，这会严重影响单位的未来。

在下级面前不能以身作则，不仅是礼仪上的失误，更是对单位整个集体的不负责。

温馨提示：
□ 身为上级应该在仪表、行为举止上给下属做出表率。
□ 身为上级应该在下级面前在工作态度上做出榜样。
□ 身为上级应该在自身素养、工作能力上做出表率。

听取下属的合理意见

如果一个领导不肯听下属的任何意见，他必定不受欢迎。

不听下属建议，是堵塞上下级沟通之道的愚蠢做法。一个领导，思维再缜密、能力再强，也不可能十全十美、说话做事从无疏漏。不听取下属的意见就可能错过良好的建议，或埋没优秀人才。长此以往，下属即使有好的建议或者发现重要问题，也不会有上报的积极性了。从礼仪角度而言，不肯听下属的意见，是对下属的不尊重。如果下属真心实意地向领导提建议，领导却嗤之以鼻，下属的自尊心和责任感必定会受挫。

温馨提示：
□ 上级应主动向下属征求意见。
□ 上级应给下属提意见的机会。
□ 听取下属意见时，上级应认真、谦虚。

主动与下属沟通

不主动与下属沟通的领导不能说是称职的领导。

分配任务后就再也不管不问；明知下属是新手，仍然对其淡漠相对；只懂得在下属出错时批评对方，而不懂得提前提醒对方。这都是不主动与下属沟通的表现。上级与下属是管理与被管理的关系，也是同呼吸、共命运的关系。

如果不懂得主动与下属沟通，就无法及时知道下属的想法，无法发现下属的潜能或不足，也不能掌握下属的工作和情绪状态。不主动与下属沟通，下属的思想和对工作的认识就会受到限制，不能及时改进工作方法从而提高工作效率，下属也会认为领导不关心、不体恤、不理解，难免对工作降低热情。不主动与下属沟通，就不容易与下属建立良好、愉快的工作关系。

温馨提示：
□ 作为上级，应主动而及时地向下级传达任务、听取意见。
□ 上级应经常性地与下级沟通。
□ 上级与下级进行沟通时态度应平和、自然。

不可朝令夕改

上个月制定了一个计划，过了半个月就进行大改，然后没几天又要改，必然会增加员工的工作负担且不容易做好；已经提前确定好由哪几个人出差，临时又突然调整，事先做好准备的人和临时未做准备的人必然都会感到突然，并且很可能因为变故而给工作带来麻烦。

朝令夕改会让接受命令的人措手不及，无法很好地应付突然的任务。经常性的朝令夕改会导致人心不定，工作人员在接到每个新的号令时难免会想：先按兵不动，说不定什么时候还会改。朝令夕改会失去下属对你的信任，而且会让你成为下属眼中缺乏判断力和决断力的人。朝令夕改会扰乱别人的情绪，搅乱别人的计划，浪费别人的时间，这是不合职场礼仪规范的。

温馨提示：
□ 通知或命令一旦下达，就应确定内容。
□ 下达命令和通知前，应确保信息准确无误。
□ 如果可能有变故，应该在第一份通知中用简短的话注明，如"如有变化另行通知"。

第十八章

会议礼仪

The meeting etiquette

举行露天大型仪式要设休息棚

庆功大会、颁奖典礼、运动会开幕式、展览会、展销会等露天举办的大型仪式对于我们而言绝不陌生。有很多这样的大型仪式进行时间很长,却没有设休息棚。这是巨大的疏漏。

无论是气温高、阳光强还是气温低、天气阴冷,不设休息棚都会使相当一部分参加者感到疲惫不堪。尤其是在仪式举行时间超过两个小时的情况下,一些年老或年幼、体弱的人,便会有很强烈的不适感。

温馨提示:

□ 举行露天大型仪式时,应设置休息棚。

□ 举行露天大型仪式时,应设置足够的休息位。

□ 举行大型仪式时,应为嘉宾或年老体弱者设置专门的、安静的休息场所。

举办展览会要注意展品排列

举办展会、参加展览会,如果不注重展品的排列位置和方法,就可能导致失败。

参展的展品东一个西一个，排列得毫无章法，展台布置得令人眼花缭乱，即使是再好的展品，也难以在第一时间抓住参观者的眼睛。展品分类不清楚，不同色彩的展品位置安排不和谐，展品的质量和档次就容易受到怀疑。参展的展品新旧不一，漂亮的展品掩藏在外观一般的展品背后、主次不分，参展者可能就没有兴趣深入研究下去。

温馨提示：
▫ 用于参展的展品，一定要保证质量上乘，优中选优，而且应保证外观上的完美。
▫ 展品的陈列摆放要讲究整齐有序、有重点、有陪衬、有美感。
▫ 展品的背景布置应与展览的主题相呼应，这样会吸引人。

展览会要安排讲解员

展览会上无讲解，不能算是合格的展览会，也不能算是完整的展览会。

没有讲解人员，参观者就无法更全面、更有效地了解展览会的整体设置，难以更有效地寻找到自己需要的信息；没有讲解资料，参加者就难以充分了解参展物品，留存相关资料，整理所见所感。

展览会的目的必然是让更多的人了解自己的展品，从而更有利地开发市场或传播知识与文化。但如果没有讲解，这个目的就难以圆满实现。对于参观者来说，这是"招待不周"的表现。

温馨提示：
□ 展览会上应安排针对整个活动的专职讲解人员，准备详细的讲解资料以便免费派发。
□ 参加展览会的商家应安排针对客户的专职讲解人员。
□ 有顾客询问时，展台负责人应热情讲解。

举办展会要热心向观众讲解

举办展会时对观众置之不理，必然是令人愤怒的。这样的展会，必然是不容易成功的。

展会正式开始后，工作人员仍未做好分工、嬉笑打闹，显然是对工作的失职；有观众上前参观或询问时，工作人员看都不看对方一眼，更别提主动招呼了，如此接待，即使展品丰富独特，也必然难以留住客户。相反，展品的"好"会与服务态度形成鲜明对比，从而使观众对展品品牌产生负面印象。

温馨提示：
□ 举办展会时，展位负责人应随时准备为观众进行讲解。
□ 举办展会时，工作人员应以热情、饱满的精神状态呈现在公众面前。
□ 举办展会时，当观众经过自己所在的展台，无论对方是否前来观看，都应向其致以热情问候。

参观展会时要注意自己的公众形象

作为参观者参加展会时，如果觉得自己只代表自己，无须注意形象，那就大错特错了。

第十八章 会议礼仪

参观展会时旁若无人地与同伴喧哗，会影响他人的参观；参观展会时不注意避让，会妨碍他人的行动；参观展会时随意丢垃圾，会破坏展会场所的整洁，并给工作人员增添负担。如果在展会上随便把玩展品，却又不轻拿轻放、不放到原位，容易破坏展品，影响展位的宣传效果。

温馨提示：
□ 参观展会时，不要对展位和展品以及其他观众指指点点。
□ 参观展会时不要歪斜着走路。
□ 参观展会时不要长时间抓摸展品。

参加典礼要遵守程序

典礼通常都有约定俗成的程序，如果参加典礼却不遵守程序，忽略程序或程序乱套，必然是错误的。

典礼派发了请柬，来宾却不按照相关规定和程序出示请柬，登记签到；典礼上请了嘉宾，主持人却不对他们进行介绍；主持人引领大家起立、奏国歌时，作为普通来宾的你却径自坐在位子上不予回应……无论是典礼组织者还是参加者，在典礼上不按照特定程序来都是对典礼不重视的表现，同时也是无知的表现，还有可能被别人误认为是挑衅。

温馨提示：
□ 典礼通常包括来宾入场、正式开始、主持人致辞、嘉宾发言、礼成几个环节。
□ 参加典礼时应首先熟悉相关程序，以免自己在需要出现的某个环节的关键时刻出丑。
□ 参加典礼时，应在参加一个环节的同时为下一个环节做好准备。

作即席发言时要言语得体

许多会议上都会有即席发言的环节，或请嘉宾或请普通与会者。如果发言者说话不当，就会给会议带来不和谐的音符。

作即席发言时时长时间滔滔不绝，别人会觉得你抢镜头、出风头；作即席发言时对主持人或嘉宾出言不逊，会场会陷入尴尬；作即席发言时无根无据地信口开河，别人会鄙视你的人品。

作即席发言，如果是受邀，言语不当是对邀请者的不敬；如果是主动发言，言语不当会使自己出丑。无论是哪一种，都会影响会议气氛和与会者的心情。破坏了会议的圆满，自然是违背了礼仪规则。

温馨提示：
□ 作即席发言时应扣住会议主题，避免跑题。
□ 作即席发言时应掌握时间，避免拖长、废话。
□ 作即席发言时不要借机发泄个人的负面情绪。

参加会议要签到

人们举行大型会议时一般都有签到的环节，如果你到会而不签到，是错误的。

参加会议不签到，如果你身份、地位特殊，人们就会认为你摆架子，搞特殊化；如果你是个无名之辈，参加会议不签到会让人们认为你故意捣乱。对于限制人数的大型会议，不签到不利于组织者统计人数。

参加会议并遵循相关程序是会议礼仪的基本条目。有签到环节而不签到，是对会议程序的破坏，是对会议举办者的公然反对。

温馨提示：
- 参加会议时，应按照规定签到。
- 参加会议签到时，应严格遵循签到程序。
- 参加会议时，应避免代替别人签到。

主持活动要注意与会者的情绪变化

  主持人主持活动时如果只按照既定程序背台词，丝毫不注意与会者的情绪变化，肯定不是合格的主持人。
  主持人准备的台词与现场气氛不相符，却不做丝毫改变，参与者难免会皱眉头。如果这时主持人仍然对与会者的情绪无动于衷，就是愚蠢的表现。现场出现骚乱，众人表情各异、情绪不稳定，主持人却视而不见，就是胆怯与无能的表现。主持活动时，主持人如果不注意与会者情绪的变化，就会影响整个现场的氛围，影响大家注意力的集中，导致人们生发厌倦心理。同时，这样的主持人会给人以冷漠、自我为中心的印象。

温馨提示：
- 主持活动时，主持人应随时关注现场参加者的表情和姿态。
- 主持活动时，主持人应保持与现场参加者的互动。
- 主持活动时，主持人应随机应变。

主持人要尊重嘉宾

  主持人对嘉宾出言不逊，即使他能力出众也是不合格的。
  单位组织一场晚会，请外单位的几位领导做嘉宾。主持人请嘉宾做游戏未果就对嘉宾进行批评,对方会觉得受到了侮辱,本单位全体人员也会觉得得罪了嘉宾。嘉宾的言谈举止显得不那么高贵,主持人就出言讽刺,对方会觉得受到了伤害,现场的其他人也会觉得你太刻薄。

主持人的职责是尽可能地使他所主持的活动圆满成功,而非利用身份的便利随便对别人冷嘲热讽。

温馨提示:
□如果嘉宾有不得体的言行,主持人可以含蓄而善意地提醒。
□如果主持人与嘉宾认识,不要在交流中掺杂私人情感,更不应借机聊天或"报仇"。
□主持人不可在主持过程中发泄私人的负面情绪。

会上发言要听主持人安排

任何会议都少不了主持人这个角色,如果你作为普通与会者发言时不听主持人的安排,必然会引来不友好的目光。

别人发言的时候你高声打断,这是对会场秩序的蓄意破坏;轮流发言的时候你抢在别人前面,这是对被抢话的那个人的不敬;该你发言的时候你退缩,坚持先让别人发言,这不能说明你谦虚、礼让,而是说明你的不合作态度;该停止发言的时候你仍然滔滔不绝,这是对现场所有人忍耐力的考验和公然挑战。

温馨提示:
□会上发言应遵循主持人的指示。
□会上发言应注意主持人的表情举止的暗示。
□会上发言应照顾到主持人的身份和职责。

第十九章

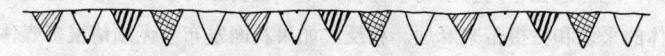

应对媒体礼仪
Dealing with the media etiquette

开新闻发布会前要准备资料

开新闻发布会，各种资料如果不能提前准备好，必然会导致不圆满的结果。

开新闻发布会而不提前准备资料，第一，会使前来参加的媒体记者因为缺乏准确材料而造成提出的问题偏离方向；第二，容易造成信息传播的不准确，从而给媒体带来负面影响；第三，容易使主办者达不到预期的宣传效果。还有重要的一点是，事先不准备材料本身就说明新闻发布会的主办者未做好准备工作。

温馨提示：
▫ 开新闻发布会前，一定要准备充足的文字、影音等各种材料。
▫ 必要的话，开新闻发布会时应向到场的媒体工作人员分发相关材料。
▫ 开新闻发布会前必须认真核实准备的资料，防止有错误信息。

召开新闻发布会要选择合适的场地

召开新闻发布会如果没有一个合适的场合，就像表演没有一个合适的舞台，是难以取得成功的。

如果新闻发布会规模宏大，请来的媒体众多，或者召开后有许多媒体不请自来，地点选在空间狭小的单位会议室，就会显得不够严肃、正规，同时会给媒体的采访和拍摄带来麻烦。相反，如果新闻发布会无须请很多媒体到会，而地点选在豪华酒店的多功能厅，就会显得虚张声势。空间太大，会显得气氛冷清；空间太小，则会显得气氛压抑。

温馨提示：
□ 召开新闻发布会应根据预定的规模和媒体情况安排档次相宜的场所。
□ 召开新闻发布会的场所可按其性质和预期目的选择酒店会议室或本单位礼堂。
□ 召开新闻发布会的场所应光线充足、视野开阔。

召开新闻发布会切忌请错媒体

召开新闻发布会而请错媒体，不要说这种事不可能发生，实际上确有人请错了媒体而不自知。

本应请当地最知名的媒体，却请了几个名不见经传且信誉度不高的小媒体，即使你个人或集体声誉再好，此举也相当于砸自己的牌子；受众主要是通过广播来接收信息，你却请了电视媒体，宣传效果不一定会好；本来是社会性新闻，却请来了娱乐界媒体，宣传容易变得滑稽。

请错了媒体就像送不合适的礼物给别人，当然是难以让人满意的。

温馨提示：
□ 召开新闻发布会时，应邀请与自己所在行业和地区比较贴切的媒体。
□ 召开新闻发布会时，应邀请知名度与自己的身份和级别相匹配的媒体。
□ 召开新闻发布会时，应邀请信誉较好的媒体。

接受采访时要注意言行举止

接受媒体采访时，你面对的就不单是一个或几个人，而是媒体和媒体所面对的特定群体甚至整个社会。如果你不注意言行举止，就会大出其丑。

接受采访时说话大大咧咧、摇头晃脑，不时做小动作，甚至口出脏话、口头禅，随便用下巴指人……当这些记录你形象的照片或录像公布到大众眼前时，相信任何一个有自尊心的人都会感到羞耻。

温馨提示：

□ 接受采访时应避免有不雅观的动作。

□ 接受采访时说话、做事都应本着礼貌、规矩、端庄的原则。

□ 接受采访时要避免"得意忘形"。

第二十章

商务与公务礼仪
Business and business etiquette

在接待室等待时要有耐心

到其他单位拜访、找人时，在等待期间焦躁不安是不礼貌的。

在接待室等待时显得焦躁不安，会让人觉得你没有涵养、性情急躁。如果你只是等了几分钟就如此表现，别人会觉得你在摆谱、故作姿态。如果接待方的确征得你的同意请你等待一段时间，并且已经请人代为暂时接待，你表现出焦躁，就会给人一种对接待者非常不满的印象，也会让代别人接待你的人觉得自己受到了轻视。

在接待室等待时表现得焦躁不安，暗示出你不信任接待方，说明你不注意自己的公众形象。

温馨提示：
□ 在接待室等待时，应该耐心地在指定位置静候。
□ 如果等待时间太长，可以与接待方沟通，确定"改日再访"。
□ 等待期间应该避免东张西望。

和接待人员说话要懂礼貌

设想一下,当你作为接待人员接待一位来访者,如果他用命令语气和你说话,你是否会因为对方的身份而对其产生好感呢?恐怕不会。

如果你是上级单位的领导,用命令语气对接待人员说话,会给你的个人形象带来负面影响;如果你是友邻单位的工作人员,用命令语气和接待人员说话,对方会觉得你装腔作势,甚至觉得你心理扭曲;如果你是与接待单位无任何瓜葛的初次来访者,贸然用命令语气对接待人员说话,对方可能拒绝为你服务或者降低服务质量。

温馨提示:
□ 需要请接待人员找人或帮助时,应报之以礼貌、诚恳的态度。
□ 与接待人员对话时,应避免用语尖刻、挑剔。
□ 与接待人员对话时,应避免说话语气生硬。

谈判时要尊重对手

谈判时如果不尊重对手,谈判将很难取得成功。

谈判时对对手流露出猜疑的表情,不时向己方人员递眼色;谈判时由于对对方所在的国家或民族有偏见,就使用暗示性、侮辱性词语;自认为己方实力雄厚,就处处做出自以为是的表情;想凭借特殊手段达到目的,就使用威胁、拖延时间等方式进

行谈判。如果你这样做了，对方必然不会对你产生良好印象。无论是你的个人形象还是内在素养，都会给谈判对手留下恶劣印象。虽然谈判主要是双方利益上的事，但个人态度和形象对于谈判结果也起着相当重要的作用。

温馨提示：
□ 谈判时应以尊重、平等的态度对待谈判对象。
□ 谈判过程中说话、讨论时应避免攻击性言语。
□ 谈判过程中应避免使用容易引起对方反感的肢体语言。

选择的会谈人员身份要对等

正式会谈时选择的代表与对方人员的身份不对等，这是严重不合礼仪的做法。

选择身份低于对方的人员参与会谈，一方面显得我方"朝中无人""底气不足"，是对自己的贬低；另一方面，会让对方误认为我方小视他们，以此向对方表明"我们用小兵对付你们，已经很看得起你们了"。选择身份高于对方的人员参与会谈，一方面显得我方傲慢自大，故意将会谈变成了"接见"对方；另一方面，也会让对方觉得受到了愚弄和侮辱。

选择的会谈人员身份不对等，不利于双方会谈正常进行。

温馨提示：
□ 应选定身份、素质与对方相当的人参与会谈。
□ 选择参与会谈的人员时，人数也应与对方保持一致。
□ 参与会谈的人员选择完毕后应及时与对方沟通。

确定谈判地点时要征求各方意见

谈判地点对于谈判双方是不容忽视的因素，因此许多人谈判前都尽可能地将地点定得对自己更有利。即使如此，如果强行做主确定谈判地点的话，结果不见得好。

选择谈判地点时，一味强调己方利益，会让对手觉得压力过大，同时不满于你的固执、自私，对方更可能对谈判结果不抱乐观的态度。如果己方是主方，强行按照自己的意愿确定谈判地点，对方会觉得我们搞地方主义；如果对方是主方，以强硬的态度确定谈判地点，会让对方觉得我们不把东道主放在眼里。

温馨提示：
□ 谈判前应与谈判对象共同协商，确定谈判地点。
□ 确定谈判地点时应综合考虑双方的利益。
□ 确定谈判地点时应避免自作主张、提前自定。

双方签字要讲座次

举行双方签字仪式时千万别忽略了座次的排列，否则签字仪式可能会最终无果。

举行双边谈判时主客不分，容易使谈判对象缺乏被尊重、被信任之感；举行双边签字仪式时双方签字人员不按照规定就座，容易给人以傲慢自大之感。

签字仪式是谈判成功的结果，如果进行这个重要环节时在座次安排上出了问题，可能就会功亏一篑了。

温馨提示：
□ 双边签字仪式座次的排列方式之一是横桌式：桌子在室内横放，主方背门而坐，客方对门而坐。双方陪同人员分列主谈人员身后一侧。

□另一种座次排列方式为竖桌式：桌子竖放室内，客方人员居右。
□双方主谈人员右侧可坐副手。在涉外谈判时，则要安排翻译人员。

懂得处理谈判中的冷场

谈判中因为某个细节问题发生分歧而冷场，谈判中因为其中一方态度恶劣而冷场，谈判中因为一方太过沉默而冷场，谈判中因为判断失误而冷场……在谈判过程中，出现冷场是难以避免的，但如果任其继续，谈判可能就会泡汤。

谈判冷场时保持沉默，容易使谈判对象纳闷，觉得你在打小算盘；冷场时乱开玩笑，对方会觉得受到了奚落；冷场时出言不逊，谈判各方都会受到干扰，谈判就难以继续。谈判中出现冷场已经让人难以忍受，再不好好处理就更显得失败。对于主方谈判者来说，这是无法挽回的错误。

温馨提示：
□谈判中出现冷场时，应以适当的提问或讨论对气氛进行缓和。
□谈判中遇到冷场时，不应消极地保持沉默。
□谈判中出现冷场时，可暂时休息。

谈判桌上要保持风度

有的人说到谈判桌上的表现，会说尽量显得霸气、强势就好，这是误解。

参加谈判时穿得太随便，就会让谈判对象觉得你不重视对方，也不重视谈判；参加谈判时举止傲慢或粗鲁，也会令谈判对象对你失去兴趣和信心；谈判过程中商谈双方利益时表现得气急败坏或懦弱、迟疑，对方会轻视你。

温馨提示：
☐ 参加谈判时，应穿整洁优雅的职业装。
☐ 参加谈判时如果遇到矛盾，应避免急躁、失态，应尽力保持平和的心态和从容的表情举止。
☐ 谈判过程中应避免有挠头、坐姿不正、玩弄手指等不雅的动作。

公务接待要注意规格

公务接待是很重要的事，规格是衡量一次公务接待是否合格的重要标准，绝不能马虎大意。

迎接上级领导，却按照接待下属单位前来参观的规格进行招待，对方会觉得受到了轻慢；迎接友邻单位，上次接待安排对方在三星级酒店住宿，此次却安排对方住在普通小旅店，对方必然会觉得双方可能产生了什么矛盾。接待时过于奢侈，有浪费、讨好、摆阔之嫌；过于吝啬，则有不欢迎、贬低之嫌。

公务接待的规格能体现出接待方对接待对象的态度以及接待能力，千万别认为规格是可以随便定的。

温馨提示：
☐ 公务接待应按照来宾的身份、所在单位的级别来安排规格。
☐ 公务接待应保证周到而不铺张浪费。

□ 公务接待时，如果不是第一次接待，规格应不低于以前。

迎宾前要制定计划

　　迎宾前不制定计划，什么事都随机而行、想到什么做什么，这是很难做好工作的。

　　如果迎宾前连该由谁来接待客人都没有确定，来宾马上就到站的时候，则只好临时派几个没有经验的生手前去接待。迎宾时是否需要列队迎接？是否需要邀请礼仪小姐？是否需要请乐队奏乐？迎宾时接待队伍应该怎样排列、怎样行进？这些问题都是需要在正式迎接来宾之前认真考虑好的。如果仓促迎接或随便找人迎接，容易造成措手不及的后果，甚至导致无人迎接或环节出现漏洞等尴尬。

温馨提示：
□ 迎宾前应确定好接待人员和接待时间。
□ 迎宾前应确定好接待地点和接待规模。
□ 迎宾前应对所有可能会出现的情况做出预计与准备。

迎接客人要提前到达

　　客人首次远道而来，等候多时却没有人接站，必定会觉得自己受到了冷落；客人虽然不是第一次来访，却依旧对走访的城市交通生疏，到站后询问许久才找到前往接待单位的路线，客人必定会充分体会到举目无亲的感觉。

　　迎接客人而不提前到达，客人就必须等待多时而浪费时间和精力。这样接待单位会显得办事没有效率，待客不周到、准备不充分，显得仓促、敷衍。如果客人是外宾或上级领导，对方必然对我方没有好印象。

温馨提示：
- 迎接客人时，应至少提前 10 分钟到达。
- 迎接首次到来的客人，应提前到达客人的落脚点。
- 迎接熟客，也应提前在大门外守候。

事先确定合适的接待人员

如果迎接马来西亚客人，却派出了只会英语的接待人员；迎接高级官员，却让本单位一个毫无待客经验的小职员陪同；迎接一个做事雷厉风行的长者，却让一个办事拖拖拉拉、说话慢吞吞的人接待对方。这样随便找一个或几个人接待来访人员，双方的沟通必然容易产生问题，甚至出现矛盾。

如果迎接客人不确定合适的接待人员，无论是级别、性别、年龄、种族还是其他的差异，都会导致接待的不圆满甚至失败。

温馨提示：
- 如果客人是外宾，应配备懂外语的接待人员。
- 选择接待人员时，应选择对客人比较熟悉或身份、地位相称的人。
- 应根据来宾的人数确定接待人员的人数。

细心安排礼宾次序

迎接客人时不按照一定顺序为礼宾排序,以此来安排座位、出场顺序等,就是接待工作的重大失误。

在任何规模的接待活动中,都不能忽视礼宾的身份、地位和尊严,都不能不尊重对方的要求和感受。在涉外交往中,外国来宾无一不会关注自己在众多礼宾中的次序,无论其国家大小、强弱。如果不细心安排礼宾次序,礼宾就可能会认为东道主歧视他们所在的国家,或者对他们心存芥蒂。

不细心安排礼宾次序,礼宾之间就可能产生误会。这是接待活动失败的体现,也是不懂礼仪的表现。

温馨提示:
- 在政治性接待活动中,可按照礼宾身份、职务的高低次序排列。
- 在会议、比赛等场合,可以按照礼宾的国籍的第一个字母在字母表中的位置依次排列。
- 当礼宾身份不太好确定时,可按照对方接受邀请的日期或到达接待方时间的早晚依次排列。

拍照时要注意排对位次

拍集体照是我们司空见惯的场面了,拍照时为众人排错位置也不少见:将长辈和重要客人的次序与普通陪同人员混淆,将本单位人员与外单位来访者位次混淆;让参加合影的人高矮错落,矮个子排在高个子身后,且不为矮个子脚下作任何铺垫;等等。

拍照时排错位次,首先无法留下"美好的回忆",反而会让人一看到照片就皱眉头、生气或发笑;其次,也会让参加合影的人员怀疑你的接待能力,并通过照片,使你办下的"不完美"事件永远定格。

强求前排的人蹲下来拍照也是错误的。

温馨提示：
☐ 拍照时安排次序应该同时考虑到人数、合影者的身份和身高。
☐ 没有外宾参与拍照时，通常将重要人员安排在前排、中排或左侧位置。
☐ 拍集体照时，通常主方在右，客方人员在左。

客人到达后不可马上安排活动

　　客人从远方颠簸一日甚至数日才到达我处，如果接待人员不顾其劳累马上安排活动是不合适的。
　　首先，客人到达后马上安排活动，对方尚未从旅途劳累中解脱出来，因此不利于客人身心状态的恢复；其次，马上安排活动容易让客人误以为接待方不耐烦，目的在于早点将客人送走；再者，马上安排活动不利于宾主相互熟悉、沟通，有强人所难之嫌。
　　客人到达后马上安排活动，并非表达我方人员热情周到的好办法。

温馨提示：
☐ 客人到达后，应先热情问候并向其介绍我方人员及单位情况。
☐ 客人到达后，应先征求意见，明白客人的计划。
☐ 客人到达后，应先安排休息。

参观企业时不可进入非开放场所

　　参观任何企业、单位时，不要进入对方非对外开放的场所。
　　参观博物馆时进入禁止游人入内的展室，会被认为有不良企图；参观工厂时进入不对外开放的车间,会被认为想窥伺行业机密;参观医院时进入非开放的病房,会被认为是对病人的骚扰。无论是出于什么目的进入非开放场所,都是对对方企业制度和对方接待者的不尊重,是缺乏教养、缺乏自制力、缺乏责任心的表现。

无视规定进入参观所在单位的非开放场所是错误的。

温馨提示:

□ 参观企业时,未经允许不要进入非对外开放场所。

□ 如果想进入非对外开放场所,必须得到接待方的同意。

□ 如果误入非开放场所,应及时向接待方道歉。

第二十一章

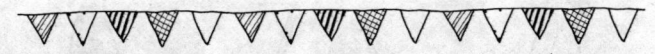

现代科技礼仪
The etiquette of modern science and technology

使用邮件要规范

现在大部分人主要通过邮件和亲朋好友联系，而不是传统的电话。虽然邮件已经成为日常交流的主要方式，但大部分人在使用邮件的时候，并没有注意到礼仪问题。

温馨提示：
- 在商务邮件中避免使用字符组成的图案，这是不正式的。
- 在第一次同某人用邮件联系时，不要忘记加上先生或者女士等称呼。
- 写邮件时保持正确的书写和语法。

不可用网络取代面对面交流

很多人每天通过网络同他人保持联系。这样看来你可以把邮件当作唯一的交流方式。但是如果你只用邮件同他人联系，退一步看看，你是怎样通过邮件同他人联系的——还有这种联系方式对你的人际关系可能会产生什么样的影响。

把邮件作为唯一的交流方式，除了会导致直接交流的缺乏外，邮件想要表达的事件本身也很容易被误解。如通过直接谈话听起来很有趣、幽默的故事，在邮件中可能就会被认为是不严肃、冷淡的。如果你注意到对方并没有积极地回复邮件，可能需要安排一次面对面的交流。邮件应该帮助你维护人际关系，而不是破坏。

当你计划给外祖母或者女朋友发一封邮件询问对方近况如何时，最好用打电话来代替发邮件，偶尔使用一下传统的交流方式会给对方留下不一样的感觉。

温馨提示：

☐ 如果你大部分的交流都是通过邮件和短信息实现的，包括工作上的事情，那么你需要注意自己的本意有没有被误解。

☐ 正确选择邮件和短信的标题，不要用对方可能会觉得受到了挑衅或者会留下不好印象的词汇。

发送邮件前要检查

和在电脑上写的任何文件一样，在发出邮件之前，你应该重新查看一下邮件内容，检查一下是否有错别字和语法错误。这在使用邮件洽谈生意时显得尤其重要。

给某人发送一封写着"由于我对你的了解不多，我也不知道这封信的内容是否合适"的邮件并不妥当，因为这种不自信的说法，并不能表达你的真正意图。

第二十一章 现代科技礼仪 | 139

如果你没有时间检查邮件的内容，那么不要发出邮件。退出邮箱，等你有足够的时间来处理邮件时再写。

温馨提示：
□ 电脑拼写检查程序通常不能够达到百分百的正确。
□ 结束书写检查时，你必须再验读一遍邮件，这能够帮助你找出电脑拼写检查程序遗漏的问题。

工作中使用邮件要遵守公司的规定

现在，有些公司使用了监控装置，专门通过电脑来监控员工使用网络的情况，当然包括邮件。如果你知道雇主反对工作时候使用私人邮箱，那么请遵从这个规定。道理非常简单，如果你认为这么做一次并不会伤害他人，那么你错了。你这么做违反了公司的规定，很有可能会因此失去工作。

如果上班时间允许使用个人邮箱，那么不要给同事发送过多的矫揉造作的笑话和城市流言。你上班主要是为了工作，并不是和同事分享有趣的信息。尽管转发邮件给朋友是非常容易的事情，但最好还是在家里使用个人邮箱发送信息。

温馨提示：
□ 如果你是公司的新员工，在工作中使用邮箱前先了解公司的相关规定。
□ 即使公司允许使用个人邮箱，也不要随意发送一些与工作无关的邮件。

在正式场合发送短信也要讲究规范

短信可以说是最直接快速的交流方式，甚至快于邮件。除了将信息打出来发送给对方这一点区别外，短信和用电话直接交谈并没有什么两样。

短信看起来似乎是青少年的专用领域，但实际上很多成年也使用短信和亲朋好友保持联系，甚至传递商业信息。你或许会发现人们在名片上也加了短信联系方式。

在商业中使用短信时，尽管短信是一种非常不正式的交流方式，但是你还是应该保持短信内容的专业性。这意味着：

不要使用字符，它们在商业中是极不正式的。

尽可能保证书写规范。

给对方发送短信或者文本内容时，提前确定对方现在是否方便接收短信。这和你在打电话时，要先询问对方现在是否方便通话一样。如果对方告诉你现在并不方便，那么你需要等一会再和他联系。如果你现在很忙，没有时间处理短信，那么关闭电脑上的短信接收器。

温馨提示：

□ 以短信形式向对方发送文本内容时，要事先向对方声明。

□ 在商务中使用短信要特别注意书写规范。

第二十二章

送礼礼仪

Gift-giving etiquette

送礼要有合适的理由

如果送礼没有合适的理由，受礼人就无法接受礼物。

突然送礼给陌生人，对方一定有戒备之心；贸然送礼给已婚异性，对方一定避之不及；没有缘由地送礼给领导，对方一定觉得蹊跷；无缘无故送礼给朋友，对方可能会以为你做了什么对不起他的事。

无故送礼或者送礼的理由太勉强，就会造成误解，引起别人的猜疑，甚至引来不必要的麻烦。这样，受礼者难以坦然接受，同时还可能造成双方关系的疏远。

温馨提示：

☐ 送礼前，应该明确为什么而送礼，并且让受礼人也明白。

☐ 送礼前，可以先通知受礼人，以免对方不方便接受。

☐ 送礼的方式可根据你与受礼人的关系和距离采取亲手送、请人转送或邮寄。

送礼要重档次

送给自己的恩师一座石膏底子涂金粉的塑像,似乎是在嘲笑对方没有真才实学;送给自己的上司一对粗制滥造的网球拍,对方一定会认为你轻视他的品位;送给自己的女友一条地摊上买的假银项链,对方一定会怀疑你的动机是否真诚;送给自己的好朋友一件假冒伪劣的名牌服装,无疑是在你们的友情上踩了一脚。

送礼不重档次,就无法让礼品起到传情达意的作用;送礼不重档次,就会让送礼失去意义,遭到受礼人的误解和其他人的嘲笑。

温馨提示:
□ 送礼时不应送华而不实、质量低劣的礼品。
□ 送礼时应根据受礼人与自己的关系来确定礼品档次。
□ 送礼时应根据受礼人的身份、年龄、性别、爱好来确定礼品的档次。

送礼要根据不同的对象而有所区别

你身在异地,每年给家人寄一包土特产,连包装和分量都不变,家人一定会觉得你太不懂得挂念亲人;看望亲戚,给对方全家每个人一件规格相同的小礼物,没有任何区别,对方一定会想:这家伙从批发市场买东西糊弄我们。

送礼千篇一律,就无法传达出礼物所应传达出的期待和惊喜,无法充分表达出送礼人的情意;送礼千篇一律,在别人看来是虚伪和走形式的表现,而不是真情流露。

温馨提示:
□ 连续给同一个人送礼,不要让每次的礼物完全一样。
□ 送礼给一个集体中不同的人时,应选择不同的礼物。

□送礼给性格不同的人时,礼物也应不同。

送礼要讲场合

送礼不能不讲场合,否则送礼不成反倒惹出麻烦。

从老家带来一堆土特产,如果趁朋友上班时间直接送到对方单位,则既干扰朋友的工作,又使其违反办公室工作原则。别人即使不认为你是在行贿,也会借机把你送给朋友的礼物分走一部分。把代表集体的公务礼品神秘秘地送到客户、同行主管的家里,礼物就带上了强烈的私人色彩,从而显得暧昧。对方也难免感到莫名其妙,因此而生气也说不定。

送礼如果不讲场合,就难以使礼物发挥作用,也难以使送礼者的好意得到体现和承认。

温馨提示:
□公务礼品应在公开场合送。
□私人礼品应在私下送出。
□公务礼物不能以私人的名义当作私人礼物送。

送礼要懂得投其所好

送玩具娃娃给喜欢汽车模型的小男孩,他不会领情;送吃素食的人薰肠,对方会觉得你"太不会来事";送喜欢淡雅色彩的人色彩浓艳的挂毯,对方不会觉得你的情谊有多重;送古董收藏爱好者假冒的古董,对方会觉得你嘲笑他的见识和眼力。

送礼不懂得投其所好,礼品就是废品;如果恰好犯了受礼人的习俗禁忌,就是不折不扣的弄巧成拙。送礼本是表达对别人的牵挂和尊重,如果不懂得投其所好,结果就会事倍功半甚至全盘皆输。

温馨提示:
□送礼前应该了解受礼人的喜好等个人特点。
□送出的礼物应该符合受礼人的需要。
□送出的礼物应该符合受礼人的性情。

给病人送礼要考虑对方需要

说起给病人送礼,不考虑对方的需要而从自己的想法出发是错误的。

送鸡蛋、水果、滋补汤之类的食品给不能进食的病人,似乎是在用这些东西引诱他;送恐怖小说给需要良好睡眠的病人,等于是想加重他的病情;送含糖量高的食品给糖尿病病人,只能说明你的无知或恶意。

给病人送吃的,不要以为越有营养越好,因为有的病人不适合,有的病人甚至任何食物都不能吃;给病人送用的、玩的,不要以为越新奇越好,因为有的病人不能有激动情绪。不加考虑地送礼给病人,最糟的结果就是适得其反。

温馨提示:
□送给病人的礼物应该对他的健康恢复有帮助。
□送给病人的礼物应该不犯对方的禁忌。
□送给病人的礼物应该有助于他心情的愉快。

回礼要看价值

受礼后回礼是送礼礼节中不可缺少的一环。而回礼时，不能不考虑礼物的价值。

公务交往中，别人送了高档礼品给你，你却回给对方一件价值远低于对方礼物的物品。这显然是对对方的不敬，也给对方留下目中无人、一毛不拔的印象。远道而来的亲戚捎了一大堆土特产来看你，对方临走时你却只送出一罐已经吃过一部分的、自家腌的老咸菜，对方一定会觉得不是滋味。一个初次相识的人送了一份便宜礼物给你，你却回给对方相当于对方数倍价值的贵重礼物，对方一定会认为你是在埋怨他太小气，同时又是在显示自己的财大气粗。

温馨提示：
- 向平辈友人回礼，礼物价值应与自己收到的礼物相当；向关系亲密的人回礼，以对方喜好为主，不必特意考虑礼物的价值。
- 向长辈回礼，礼物价值应稍稍高于对方的礼物，但不应高出太多。
- 向关系一般、没有深交的人回礼，其价值应与收到的礼物相当或稍高。

不可无故拒收礼品

无故拒收礼品是不得体的做法。

无故拒收礼品，送礼人精心选择礼品的心血就会白费，对方会疑惑而有受挫感。无故拒收礼品，对方就不知道究竟哪个环节出错了，是你不喜欢还是你暂时情绪不好，还是因为违反了规定，进而不能确定以后是否能给你送礼。无故拒收礼品，就无法表明你的态度。如果你拒收礼物是因为违反制度，而别人认为问题出在礼物档次不够高，这样别人再次送新的礼物时，就会牵扯出意外的麻烦。

温馨提示：
☐ 如果拒收礼物，应该向送礼者说明理由。
☐ 对别人转交而不愿接受的礼物，不能无故退回。
☐ 通过邮寄到达而不想接受的礼物，不应无故不取，同时又不作回复。

受礼后要回礼

受礼后不回礼是很不礼貌的事。

如果送礼者是亲朋好友，受礼而不回礼，对方会认为你漠视他们；如果对方是新认识的朋友或客户，受礼而不回礼，对方会认为你缺乏社交经验或者吝啬、计较。如果对方送礼是为了庆祝你的生日，受礼而不在对方生日时回礼，对方会认为你自私而且故意惹其不快。如果送礼者代表集体、企业或团队，受礼而不回礼，是对整个集体和团队的无礼。受礼而不回礼，是对送礼者礼貌的无动于衷，也是对自己声誉和形象的不负责任。

温馨提示：
☐ 如果客人来自己家做客时送礼，受礼后应当在客人告别时回赠客人礼物。
☐ 如果当下没有合适的礼物，应该抽时间回赠送礼者一份礼物。
☐ 回赠的礼物档次应该与收到的礼物相当，不应太贵或太便宜。

给孩子送礼物要讲究方法

购买礼物时，最为有趣的就是给孩子们准备礼物了。逛玩具店能够让我们想起美好的童年，因此很多成年人在给小孩子准备礼物时总是很开心。对于宠爱小孙子的外祖母来说尤其如此。

由于你的儿子或者女儿要参加朋友的生日聚会，你需要为孩子们准备一份礼物，那么尽量带孩子一起去选购礼物。作为成年人，你可能会发现自己不知道怎么挑选小孩子的玩具，也不清楚应该准备一份什么样的礼物，但是你的儿子或者女儿肯定知道选择哪个玩具作为礼物最好。

前往商店购物之前，你可以先和孩子的父母联系一下。这么做，你能够知道孩子已经有哪些玩具了，或者孩子们的父母期待今年收到哪类主题的礼物。

不要过早地为孩子准备礼物。如果那样，当你赠送给他时，礼物可能已经过时了。购买礼物的时间一般是孩子生日前两个星期。

玩具是孩子们最理想的礼物。选择具有教育意义的玩具作为礼物，比如棋盘游戏、魔方等。这样你可以达到一石二鸟的效果。孩子的父母会感激你送的礼物能够帮助孩子学习和成长，而孩子们也会为收到礼物感到开心。

温馨提示：

- 送给孩子们的礼物的价位一般不宜太高，如果是年纪很小的孩子，你可以准备一份价值 100 元左右的礼物。
- 书籍对于孩子而言是非常合适的礼物。如果你知道所送礼物的对象已经开始识字了，那么可以送一些书作为礼物。如果你能够拿到签名的书，那么这本书作为礼物就更加有意义了。

赠送生日礼物要有所讲究

童年时最开心的事情就是生日的到来。你可以举行派对，收许多的礼物。当你长大后，生日的新鲜感也慢慢地消失了，特别是临近20岁时。

当需要赠送生日礼物给别人时，你需要记住以下一些注意要点：

孩子年满18岁以前，你每年都需要给孩子准备礼物。

孩子年满18岁后，你可以只在具有特殊意义的生日时才赠送具体的礼物，比如21岁、30岁、40岁，等等。

不管年龄如何，父母、孩子和兄弟姐妹每年都应该相互赠送礼物。

如果你被邀请参加成人的生日聚会，你应该携带一份礼物前往。

温馨提示：

□ 当你需要给成年人赠送生日礼物时，可以购买一些符合对方兴趣爱好的物品。

为结婚纪念日选择适当的礼物

结婚纪念日到来时，可以赠送一些和纪念日相关的礼物。下面是一些结婚纪念日时赠送的礼物。由于传统和现代纪念日主题的联合，你可能会发现其中有一些是重复的。

第一个纪念日：纸制品或者钟表。

第二个纪念日：棉织品或者瓷器。

第三个纪念日：皮革、水晶或者玻璃制品。

第四个纪念日：织品、水果、花或者电器。

第五个纪念日：木制品或者银器。

第六个纪念日：糖果、金属或木制品。

第七个纪念日：木制品、铜制品或者家庭办公用品和桌子上的一些摆设。

第八个纪念日：电器、亚麻、蕾丝、青铜或陶器。

第九个纪念日：陶器、柳木制品或者皮革制品。

第十个纪念日：锡、铝制品或者钻石。

第十一个纪念日：钢制品或者首饰。

第十二个纪念日：亚麻桌布、丝绸或者珍珠。

第十三个纪念日：蕾丝或者毛皮制品。

第十四个纪念日：象牙或者金首饰。

第十五个纪念日：钻石、玻璃器具类或者手表。

第二十个纪念日：瓷器或白金。

第二十五个纪念日：银器。

第三十个纪念日：珍珠或者钻石首饰。

第三十五个纪念日：珊瑚虫或者翡翠。

第四十个纪念日：红宝石或石榴石。

第四十五个纪念日：蓝宝石。

第五十个纪念日：金器。

第五十五个纪念日：祖母绿。

第六十个纪念日：钻石。

第七十五个纪念日：钻石。

如果你不知道应该买什么礼物，可以借鉴上面的一些建议来帮助自己挑选一份合适的礼物。如果你确定应该准备什么礼物，可以参考上面的建议。但是通常在结婚纪念日的时候，你总是能够自己想到要为对方准备的礼物。

温馨提示：

▫ 以上列出的礼物仅供参考，至于究竟送什么礼物最合适，还得你自己决定。

▫ 或许你的婚姻与一些特定的东西相联系，那就围绕这些特定的东西来选择礼物吧。

第二十三章

宴会礼仪

The party etiquette

隆重仪典请客要发请帖

个人举办婚礼、庆祝寿辰,单位周年庆典、商店开业、企业奠基……大大小小的重要仪典举办之前,不发请帖是无法交代的。

举行个人的庆典时不发请帖,会显得主人有些大大咧咧;举办集体的大型庆典时不发请帖,仪典再隆重也无法让人体验到"正式"的感觉。

隆重仪典不发请帖,也不利于主人统计人数,难以防止陌生人不请自来。这样,仪典就可能无法圆满成功,更不能让参加者满意。

温馨提示:

□ 举行隆重仪典前必须提前发请帖,时间一般以提前两周到半年为宜。

□ 发请帖可以请专人送达或邮寄。

□ 发请帖时应保证请帖制作精美、无损折和污迹。

写请帖要符合规范

请帖是给客人看的，表示的是邀请者的礼貌，代表的是邀请者的形象。写请帖如果不符合规范，难免贻笑大方。

发请帖给客人时不注明客人的名字，或者将邀请对象的名字打印错或者写错，对方会认为主人没有诚意；请帖粗制滥造，客人会觉得发帖者不注重自己的形象，认为这样的邀请不值得应允；请帖乱用尊称和谦称，发给外宾和港台邀请对象的请帖不在措辞、文字、行文习惯上进行特别设计，对方就无法感受到你对对方的尊重。

温馨提示：
□ 如果对客人的着装有特殊要求，应注明如"请穿礼服""请穿便服"等。
□ 请帖的格式较为固定。对于一些公务、商务类的请帖，有的甚至无须称呼和签名，可打印或手写。
□ 若要求被邀者回复或者不参加时回复，应注明。

正式宴请前要沟通

正式宴请之前，别忘了和客人们沟通。

假设你准备宴请几个客户，由于事先没询问对方任何与宴请有关的问题，结果你点的菜没有几样是客人喜欢的，你定的时间也恰好是客人繁忙的时候。此外，你定的地点别人都没听说过，或者距离较远、难以找到。这样，你的宴请就不会成功了。

正式宴请前如果不沟通，容易造成误解，也容易造成时间和主宾之间意愿的冲突。

温馨提示：
- 正式宴请前应询问邀请对象是否有时间和意愿。
- 正式宴请前应询问邀请对象的饮食习惯和爱好。
- 正式宴请前应确定大部分宴请对象对宴请地点的要求。

安排桌次有章法

宴请时安排桌次是门学问，稍有疏漏或差错就会使客人不满。

举办宴会时不考虑客人的身份以及与主人的关系，奉行顺其自然的原则，这会给人以太过随便的感觉。本该长辈坐的桌子，晚辈大大咧咧地坐过去，必定会让人觉得他目无尊长；本该甲单位坐的桌子，乙单位的人随便坐过去，会让人觉得乙单位有意制造事端。安排桌次无章法，会显得宴会举办者经验不足或者不尊重来宾，还会给人以做事不严谨的印象。

温馨提示：
- 应将重要客人安排在厅堂的中间桌子、正对门的位置、距离屋门较远的桌上。
- 桌次通常以距离主桌的远近来判断高低，右高左低。桌数较多时，通常以第一排或最中间的桌子为主桌。
- 排列桌子时，各桌之间距离应该相等，不要太远或太近。

安排座次要有规则

座次的安排在中餐宴会上很重要。

熟人聚餐，排座次时将主宾让到主人的位置，对方会误认为你想让自己付钱、贪小便宜；举办大型家宴，如果重要宾客都挤在同一张桌上，其余的人难免会觉得有些失落，不甘心做饭桌上的"无名之辈"。安排座次时没有章法、不讲规则，容易使身份较高的客人觉得丢面子，使普通客人觉得宴会不正规，使宴会举办者显得不懂得尊重客人、缺乏经验，或故意为之。

温馨提示：
- 应按照礼宾次序安排座次，如按照宾客的职位高低、与主人的关系等。
- 安排座次应按照以右为上的原则进行。主人位置正背门，主宾的位置应正对门。
- 筵席在三桌以上时，应在每张桌上安排一位主宾。

在外宴请要预约

请某位朋友吃饭，并且决定在外宴请，如果不事先预约，必然不妥。

宴请别人，当然要选择档次较高的饭店；既然是吃饭，当然要选择恰当的吃饭时间。然而当"档次"遇到"高峰期"，你想要的饭店难免会出现满员的现象，如果不预约，自然容易出现找不到空闲座位或座位不够、需要等待很长时间等问题。

宴请别人时遭遇麻烦，说明你未做好充分的准备。客人可能会认为你无心邀请对方、缺乏诚意，或缺乏待人接物的经验。无论对方对你产生哪种误解，双方都会不愉快。

温馨提示：
- 决定在外宴请别人时，应先征求宴请对象的意见，如对方喜欢什么样的口味。
- 如果是临时性宴请，应避免在高峰期选择几乎不会有空位的饭店。
- 预约时应确定好时间，选择适合宴请对象身份的饭店。

不能按时赴宴要做出声明

接到邀请赴宴的请柬,而且已经答应主人前去赴宴,却在宴会当天不按时赴宴且不作任何声明。这样做是相当不礼貌的。

参加别人的婚礼、寿筵、庆功宴等重要宴会时不能按时赴约而不作声明,对方会认为你不重视他以及他的邀请,不关心他人的感受,同时也不重视自己的形象。参加商务性、社交性宴会时,不能按时赴约而不做声明,对方会认为你不讲信用,不值得信赖,当然也不值得以后继续交往了。

温馨提示:
□ 如果不能参加邀请,对于"应邀则不必回复"的请柬,一定要尽快回复。
□ 不能按时赴宴时,一定要礼貌地通知主人,向其解释原因并道歉。
□ 不能按时赴宴时,不要编造理由敷衍主人。

赴家宴要带礼品

赴别人的家宴不带礼品有点说不过去。

家宴是比较隆重的,通常只针对关系很好的人。别人请你赴家宴是看得起你,说明对方比较重视你,重视与你的交往。有些国家有赴家宴携带礼物的习俗,如日本。如果你未带礼物,对方会对你很失望。在节日期间赴家宴不携带礼物,显得不遵循节日礼仪。在平常的日子参加别人的家宴,如果其他客人都带了礼物而你未携带,容易给别人留下一毛不拔的印象。

温馨提示:
□ 赴亲友、熟人的家宴时,应避免携带太贵重的礼物。
□ 准备礼品时,可选择符合主人喜好的鲜花、自己家乡的特产等。
□ 赴家宴时,所带礼物应该实用并精心包装。

入席后要跟陌生邻座打招呼

参加任何性质的宴会，入座后如果自己身边的邻座是陌生人，不与其打招呼都是不对的。

俗话说"来者皆是客"，既然坐到一起，必然都是主人的客人，当然彼此也有可能成为朋友。在公共场合遇到陌生人，有时候尚且需要一个微笑，在参加同一个熟人举办的宴会上，难道不更应该给邻座一个问候的微笑吗？如果入座后面若冰霜，而后主人恰好要介绍你们相互认识，彼此必定会遭遇尴尬。

即便是为了保持你的优雅风度和证明你有涵养、平易近人，也不该对宴会同桌上的陌生邻座不理不睬。

温馨提示：
☐ 入席后应向同桌而坐的人们打招呼问好。
☐ 入座后邻座主动向自己问好时，应及时而礼貌地回应。
☐ 入座后面对陌生邻座，态度应热情而从容。

切忌对别人点的菜评头论足

参加单位组织的庆祝宴会时，上了一道菜，是同事甲点的，你嗤之以鼻地说"点这么看上去不错的菜，等你尝了后悔去吧"；再上一道菜，是同事乙点的，你不屑一顾地说"品位真差"。在你眼中，任何人点的菜都不如你点的好。

批评别人点的菜，有不知足和贬低他人之嫌；夸奖别人点的菜，有卖弄自己的见识、吹捧或反讽之嫌。无论评价好坏,对别人点的菜大肆评论都是不恭敬、不沉着的表现。

参加宴会时,应避免对别人点的任何菜评头论足。

温馨提示:
□ 即使别人点的菜太贵或太便宜,也不要对此作任何评判。
□ 如果觉得别人点的菜不好吃,不要表示出来。
□ 不要将别人点的菜和以前自己点的菜作任何对比。

不议论账单的数目

别人请你吃饭,无论如何都不该讨论账单的数目。

在饭店吃饭,每上一道菜,你就嘀咕"这道菜得多少多少钱",主人买单后,你殷勤地索要账单过目;即使别人在家宴请你,吃完饭也不忘询问主人花了多少钱。这样做一方面会让主人怀疑你对他的款待心存不满,一方面会让别人认为你自以为是、小肚鸡肠。议论账单数目,会让主人有被窥视和被胁迫之感。

温馨提示:
□ 赴宴时,不要与其他客人议论饭菜大概要花多少钱。
□ 赴宴时,不要询问主人花费多少。
□ 赴宴时,不要向服务人员或主人索要账单查看。

打喷嚏要背转身

不要对着桌面打喷嚏。

从医学卫生角度而言,对着桌面打喷嚏会使你的废气废口水以超高速飞溅到大家身上，融入餐桌周围的空气里。这个情景想象起来就让人觉得可怕且恶心。从礼仪角度来讲，对着桌面打喷嚏是没教养和自制力差的表现。这会给大家带来不愉快的气味和声音，让大家同时感觉到身心的不适。如果你打喷嚏的同时还流鼻涕、流眼泪，这简直是对大家审美的亵渎，也是对你公众形象不负责任的表现。无论你的身份地位如何，这个喷嚏都必定会让你大丢脸面。

温馨提示：

□ 打喷嚏时，一定要背过身去，并用纸或手绢掩住口鼻。
□ 打喷嚏前后，要向在座者道歉。
□ 打喷嚏后应该洗手，应避免擦完鼻子就上桌。

宴会上要使用公筷

如今宴会上公筷的身影很容易见到，因为人们的卫生意识越来越强了。但如果放着公筷不用，就是绝对的不合礼仪了。

如果不用公筷，对方会觉得你既不讲卫生，又不尊重对方。与奉行分餐制的欧美客人一起吃饭时不用公筷，他们的不满会格外强烈。如果在商务宴会上不使用公筷，就是对餐桌规矩的违背。你在小节上不注意，觉得可以不分彼此，关注细节的客人就会从此对你产生怀疑和失望。

温馨提示：

□ 如果宴会上有公筷，夹菜时，一定要使用公筷。
□ 喝大盆的汤时，应该用公用的母勺。
□ 使用公筷时，应避免使其接触自己专用碟子里的菜。

切忌随意劝酒劝菜

在中式宴会上,劝酒劝菜是很平常、很自然的事。但随意劝酒劝菜是不礼貌的行为。

每个人都知道自己的酒量和食量,随意劝酒劝菜会给客人带来尴尬。如果对方已经达到自己肠胃承受能力的极限,你这样做等于是危害他的健康。有的酒菜,你认为好,别人不一定喜欢。强行劝酒劝菜,逼客人喝不想喝的酒、吃不喜欢吃的菜,这就不是好客而是欺客了。如果你劝酒劝菜的时候将自己杯中的酒倒给客人,用自己的筷子夹菜给客人,对方会极为反感。

温馨提示:
☐ 在宴会上,不要对不熟悉的人大力劝酒劝菜。
☐ 如果宴会上有外宾,不要对其进行中国式的劝酒劝菜。
☐ 不要用自己的筷子给任何客人夹菜。

别人敬酒时不可捂酒杯

参加宴会时,相互敬酒是这种场合的常见行为,也是礼貌的表现。但有许多人因为自己不擅饮酒或不喝酒,或者因为其他原因暂时不能喝酒,对于别人的敬酒,下意识地采取捂酒杯的动作抵挡。这样可不应该。

捂住酒杯是对酒的拒绝,在敬酒者看来,也是对他祝福和问候的拒绝。晚辈敬酒遇到这样的动作,会觉受到了歧视;长辈敬酒遇到这种反应,会觉得脸上无光;想结识你的人遇到这样的动作,会觉得你不容易交往。

温馨提示:
☐ 别人向自己敬酒时,即使不饮酒也应允许对方象征性地为自己斟酒。
☐ 别人向自己敬酒时,应礼貌地举杯回礼。

□如果自己的确不能饮酒,应有礼貌地向别人说明,并象征性地轻抿酒杯。

给领导敬酒时杯沿要低于对方

  中国人喝酒,在酒席上有一整套的细节礼仪,不遵循是不应该的。例如给领导敬酒时,你的酒杯杯沿不应高于对方。

  给领导敬酒时使自己酒杯的杯沿高于对方,表明自己觉得自己的身份、地位高于对方,或者暗示对方:我看不起你,你不值得我尊重。虽然仅仅是几毫米的距离,却能看出一个人是否细心,是否懂礼貌,是否心中有别人。

  给长辈、友邻单位的同辈以及初次相识的朋友敬酒时,自己的杯沿也不应高于对方。

温馨提示:
□给领导敬酒时,杯沿应低于对方。
□给领导敬酒时,应双手擎杯。
□给领导敬酒的同时,应礼貌地用祝福的话语表达敬意。

主人或主宾致辞时不可与旁人交谈

  在宴会上,你的一举一动都必须注意,否则就很容易失礼。

  参加单位的宴会,领导讲话时你和身边的同事交谈,会干扰现场秩序,引起众人侧目。如果引起领导注意,你等于是"撞枪"。参加婚宴、寿宴,主人致辞时你与旁边的人交谈,会让别人认为你看主人不顺眼。出差参加大型酒会,主持人致辞时你找旁边的人交谈,不仅是给自己丢脸,也是给自己的单位丢脸,别人会认为你所在单位的人素质都差。

温馨提示：
☐ 主人或主宾向在座者致辞时，自己应专注地聆听。
☐ 有人致辞时，自己应坐姿端正、态度积极。
☐ 主人或主宾致辞时，应制止旁边的人和自己说话。

不可随便转桌

随时随意转桌绝对不受欢迎。

新上的菜，长辈或主宾一口都没吃到，你就转桌自己先下筷子，别人会觉得你不懂得尊重人，不懂得礼节；别人正在举杯祝酒，你转桌吃菜，别人会觉得你目中无人；别人正在夹菜，你转桌是在给夹菜的人捣乱，给人的感觉是你成心让他夹不着或者夹不牢；众人正在就某事停箸讨论，你却旁若无人地转桌准备夹菜，明显是对吃菜的兴趣大过对与大家交往的兴趣。

随时随意转桌，显得过于自由，这非但不利于制造轻松随意的气氛，更容易给大家带来疑惑和尴尬。

温馨提示：
☐ 转桌要找没有人正在夹菜的时机。
☐ 不要待主宾还未品尝第一道菜时转桌。
☐ 转桌时，如果有必要，应先用语言或眼神、动作向大家提示一下。

吃西餐要学会点酒

吃西餐时人们不一定会喝酒，但如果有人提议喝酒，而你不会点酒、不会喝酒，会使这顿西餐少了很多"味道"。

吃西餐不会点酒，一方面会使西餐的酒与菜搭配不当而口感欠佳，使某

第二十三章　宴会礼仪 | 161

些味道独特或品质优良的酒难以体现出它的特点；一方面你容易被视为不懂装懂，从而引来别人的不信任。点酒而不会喝酒，在酒中随意掺杂其他饮料，美其名曰"鸡尾酒"，这是对好酒和西餐厅的不敬，是对西餐文化无知的表现。

温馨提示：
- 吃红肉如猪肉、牛肉等时适合点红酒，吃白肉如鸡肉、鱼肉等时适合点白酒。
- 点酒时应根据在座客人的身份、性别、喜好来点，不会点酒可以请懂酒的同伴或服务人员帮忙。
- 喝酒时应避免吸着喝，且应避免猛烈摇晃酒杯。

吃西餐不识菜名不可胡乱点

吃西餐时，尤其是在正规的西餐厅吃饭，不认识菜名千万别胡乱点。点一堆汤或点一堆肉，餐桌上单调不说，如何把食物吃喝完都是个问题；点一堆现场演奏的音乐，额外花钱不说，干等着半天才知道你的"菜"已经"品尝"过了，让人哭笑不得；点的甜食过多，整顿饭吃得不会舒服。总之，吃西餐而不懂菜谱胡乱点，则既无法吃饱吃好，又会给同伴留下糟糕的印象。

温馨提示：
- 吃西餐点菜时应首先对菜名有所了解。
- 如果自己没有把握，可以请服务人员稍作介绍或提供建议。
- 吃西餐时，点菜也应考虑到别人的口味和禁忌。

在西餐桌上喝酒有度

中餐宴会上喝酒，喝得越多越显热闹，显得宾主关系亲密，且越显"英雄本色"。然而，在西餐宴会上你讲究这一套会被外国人视为极端的无礼。

在西餐桌上不停叫嚷"喝酒喝酒"，会显得不懂自律、自制力差；在西餐桌上不停地让主人或服务人员上酒，会被视为不懂酒文化，亵渎美酒，且不尊重别人；在西餐桌上劝别人喝酒，或端起自己的酒杯向其他桌上的客人敬酒，借花献佛，一方面会被视为强人所难，一方面会被视为自私而浪费。

温馨提示：
□ 在西餐桌上，喝酒时应避免劝酒、挡酒、代饮。
□ 在西餐桌上，喝酒不能划拳。
□ 在西餐桌上，不应豪饮，而应适可而止。

吃西餐要学会用餐具

吃西餐在很多人看来与吃中餐最大的区别就是餐具不同，只不过是诸多刀叉上阵。如果你这样想，说明你对西餐餐具的认识不足。因为西餐餐具是不能随便使用的，不是怎么拿都好的。

吃西餐时像拿勺子一样拿刀叉，一切食物都用自己看着顺眼的刀来解决，想用刀的时候用刀，想用叉时用叉，这样做是野蛮和无知的表现。如果你参加外宾举办的宴会，哪怕是野餐性质的西餐，这样做也是不礼貌的。

温馨提示：
□ 吃西餐时，别忘记左叉右刀的基本使用规则。

□ 手持餐具时,手不要太靠下,通常握在餐具底部以上三分之二处即可,同时应使餐具的尖端稍微朝向下方。
□ 在正式西餐宴会上吃沙拉、鱼、肉、甜点等不同食物时,要会使用相应的刀叉,并按照上菜的顺序依次使用。

吃西餐不可乱放刀叉

吃西餐时,别因为不会放刀叉而引起误解甚至挑起纷争,被别人视为餐桌礼仪的门外汉。

在中餐餐桌上,我们吃菜通常是全部吃完后才撤盘,中途即便你暂时离开,主人或服务人员也不会将没吃完的菜端下去。但吃西餐时不注意刀叉摆放的位置和方式,如果你就餐途中放错了刀叉,同伴就可能认为你已经吃饱了,服务人员会认为你不再吃这道菜而主动上前撤盘。当你正在与别人交谈,却突然被服务人员端走盘子,或者中途离开返回后,发现面前的盘子已经被撤掉了,你怎能不惊讶失色呢?

温馨提示:
□ 吃西餐中途离开餐桌时,应将刀叉尖端向上,交叉放在主盘中。
□ 吃西餐中间交谈时,可以不放下刀叉,但不应拿着刀叉做手势、乱挥舞。
□ 无论何时都不应将刀叉一端放在桌上,另一端放在盘中。

吃鱼时不可将鱼翻过去吃另一半

在西餐桌上吃鱼时,吃完一面后,将鱼翻个身去吃另一面是错误的。

吃完一面后翻过来吃,这样做很容易使汤汁淋漓,无论是掉在桌上还是星星点点洒在盘子里都显得不雅。如果不小心洒到自己或别人身上,更会不好收场。当你粗鲁地将鱼翻过去,即使你做得很熟练,没有妨碍到任何人,其结果也只能是让注意礼节的人失望。

温馨提示:

☐ 吃鱼时,应先将鱼身体两侧的小刺用刀割离鱼身,再用刀将上面的鱼身切割成块,用叉子进食。
☐ 吃完一面鱼肉后,应将整个的鱼骨用叉挑起剔掉放在盘边,应避免将鱼骨弄断。
☐ 吃鱼的时候,应避免将其分割得很碎、很烂。

吃水果时要注重细节

我们平时吃水果时,苹果是洗洗就整个一口一口地吃,香蕉是整根剥皮后一口一口咬着吃,葡萄则是从大串上扯一小串摘着吃。这样吃无可厚非,但在西餐桌上就应坚决杜绝。

同样一种食物,在某个地区或国家可以这样吃,换了一个国家或地区就该以另一种方式吃。正所谓"入乡随俗",既然相应的场合有相应的规则,如果违反当然是不礼貌的。

温馨提示:

☐ 吃香蕉时,应该将皮剥去后切段食用。
☐ 吃苹果等水果时,应将其切成适口的小块食用。
☐ 吃橙子时,应将其像切西瓜一样分切成小块吃。

不可在西餐桌上打饱嗝

在西餐桌上打饱嗝,在西方人看来,这非常的令人厌恶、尴尬。

不要以为打饱嗝是对主人宴请满意、敬意的表示。首先,打饱嗝姿态不雅,令人仪态和风度尽失;第二,打饱嗝容易使你胃和口腔中的不愉快气味散发出来,影响到别人的嗅觉和心情;第三,打饱嗝给人一种没有教养、粗俗、自大的印象。打饱嗝说明你吃饭时必定吃得很多、很快,不加节制,这自然也是表现出你自制力差的一个侧面。

温馨提示:
- 在吃西餐的过程中,应尽量避免喝太多啤酒等饮料。
- 进餐过程中应及时补充水分,以免噎着。万一打嗝,一定要向周围的人道歉。
- 在进餐过程中放屁也是很不合礼仪的做法,应极力避免。

参加西式宴会告辞要看主宾行事

参加西式宴会时应该什么时候告辞,千万别任由自己决定。

主宾谈兴正浓,你突然提出要走,主宾会觉得你暗示对方停留时间太久,应该走人了,同时主宾会怀疑你嫉妒对方、想故意使对方丢面子。在主人看来,他会为你冒犯了主宾而感到不自在,也会为你不识抬举而感到这次宴会举办得不够圆满;其他客人会觉得你给宴会的和谐气氛泼冷水,同样会觉得不悦。

温馨提示:
- 参加西式宴会时,主宾告辞后普通客人才能告辞。
- 如果必须先于主宾告辞去处理急事,应向主人和主宾恳切地说明原因。

□ 参加西式宴会时，应在宴会的结束时间到来前及时告辞。

坐着喝咖啡时不要连碟一起端

坐着喝咖啡时，不要连着碟子一起端起来。

咖啡碟的作用是防止咖啡溅出来，污染衣服、手指和桌子。坐着的时候人们通常稳当得很，根本不用担心咖啡会洒出来。将咖啡碟子一并端起来，给人一种煞有介事、故意引人注目的印象。就像不用戴着手套吃饭一样，坐着喝咖啡时连碟一起端是没有必要的，也是不礼貌的。

温馨提示：
□ 坐着喝咖啡时，只需端起咖啡杯。
□ 喝咖啡时，应用拇指和食指捏着杯把将咖啡杯端起。
□ 参加鸡尾酒会等较为随便的活动或坐在面前没有桌子的椅子上时，可以左手端碟、右手端杯。

咖啡杯碟不可分开放

咖啡杯和咖啡碟是配套使用的，不应当分开放。

咖啡文化如同茶文化，咖啡杯碟与茶具一样，都有严格的使用规则。咖啡杯和咖啡碟分开放，第一是破坏了整套咖啡用具的完整性，显得不够美观；第二是显出你对咖啡文化的无知，以及自作聪明。

温馨提示：
□ 需要端着咖啡行走时，应用碟子托着咖啡杯一起端起。
□ 暂时不喝时，应将咖啡杯放在配套的碟子上。

□添加咖啡时，不应把咖啡杯从咖啡碟中拿起来。

不可用咖啡勺喝咖啡

用咖啡勺舀咖啡喝，会招人笑话的。

看一个人如何喝咖啡，能看出这个人对咖啡文化了解多少、是否懂得咖啡礼仪。用咖啡勺舀着喝咖啡是无知的表现。在有些人看来，这是装模作样、不懂装懂。当你在聚会上高谈阔论时用咖啡勺喝咖啡，即使你言论再高明、外表再无懈可击，也难以赢得他人的由衷认同。

如果你不太清楚该怎么用咖啡勺，宁可先看别人怎么用，也不应自以为是地拿咖啡勺舀咖啡喝。

温馨提示：
□咖啡勺是用来加糖和搅拌咖啡的，而不是用来盛咖啡入口的。
□喝咖啡的时候，应将咖啡勺取出放在碟子上。
□咖啡勺不能一直放在咖啡杯里。

吃自助餐要使用公用餐具

自助餐的最大优点就是想吃什么吃什么，想吃多少吃多少。但在自助餐厅或自助餐会上吃饭时如果不使用公用餐具盛食物，便会遭到其他人的鄙视。

用自己的餐勺去盛公共餐盘中的食物，相当于让别人吃你的唾液。想必你也不喜欢在别人用他吮过的勺子搅过的餐盘里盛食物吧！盛自助餐不使用公用的勺子或铲子等餐具，是没有公德的表现，更是没有教养、自私、放肆的表现。

温馨提示：

□ 吃自助餐使用公共餐具后，应将其放回原位。
□ 暂时没有多余的餐具供你使用时，应稍等片刻。
□ 取用水果、面包等固体食物时，应避免用手抓。

吃完自助餐要送回餐具

吃完自助餐，别忘记送回餐具。

自助餐其实质就是全程自助，当然包括自己吃完后放回用过的餐具。这是自助餐厅和自助餐会上约定俗成的规矩。如果违反，首先是对自助餐礼仪的违反；其次，将自助餐具堆放在桌上，既影响别人的食欲，又不方便其他人找空位用餐。吃完自助餐不送回餐具，显得霸道、粗俗不堪。

温馨提示：

□ 参加自助餐会时，吃完后应将餐具送回指定位置。
□ 参加自助餐会时，应避免吃饱后餐具中仍有大量残余食物。
□ 自助餐完毕后，不要将食物残渣弄得到处都是，而应保持桌面洁净。

回复宴请的规格要相当

宴请是中国人社交的重要途径，受到别人宴请后，及时为对方设宴是很有必要的礼节。但回复别人的宴请时，千万不要不注意规格。

别人花2000块宴请你，你却只花500块回请对方，这显然是敷衍塞责、没有真心实意的表现。对方请你在小饭店吃了顿"便饭"，你就请对方到豪华酒楼吃"满汉全席"以示回请。这在对方看来是挪揄和无声的责备，以及对你自己财富和热情露骨的炫耀。

以较低或较高的规格回复别人的宴请，很容易引起对方的误解，容易使双方造成隔阂。

温馨提示：

□ 回请别人时规格以相当为好。
□ 不要故意将回请别人的宴会规格搞得高出对方很多。
□ 回请别人时，应尽量照顾对方的喜好。

在AA制聚会上要主动掏钱

AA制聚会在现代社会中很受欢迎，原因在于它公平合理。如果你参加这种聚会而不掏一分钱，对别人就不公平了。

各自付费集体旅游时不掏钱，各自付费聚餐时不掏钱，各自付费集体运动时不掏钱……这样做是令人不愉快的。同伴们会认为你不守信用，不遵守规则，不为别人考虑，爱占小便宜，并且脸皮厚。聚餐时的表现如此无礼，别人会推想你在其他方面也不会采取合作态度，依然会自私自利，从而不愿与你交往。

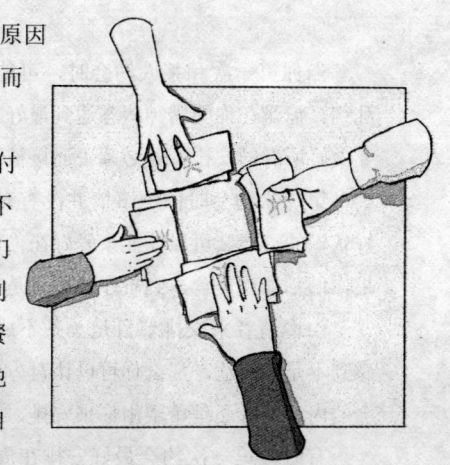

温馨提示：

□ 大家事先声明是AA制聚餐时，一定要为自己的食物付费。
□ 实行AA制时，不要帮别人掏钱。
□ 实行AA制时，聚餐前应准备足够的钱。

第二十四章

约会礼仪
The scheduling of appointments

第一次约会前要做好充分的准备

当你第一次和某人约会时,可能和大多数人一样,感到心头的小鹿乱蹦乱跳。但是在你的精神状态达到最好之前,你要记住:如果你是邀请者,不仅要做好所有的安排,还必须去迎接被邀请者。

第一次约会时做的事情并没有对错之分。如果你们是通过共同的业余爱好认识的,那么可以让业余爱好在你们的第一次约会中发挥作用。比如说,如果你们都喜欢美食,到餐厅就餐就是一个很好的相处方式。

由邀请者来安排节目是一条不成文的规定,如果你对自己全程安排约会感到不是很舒适,那么你可以让对方来选择想做的事情。如果对方并不在意约会的内容或者还是希望由你来安排,那么尽量做好约会计划。

有时候第一次约会最好安排在周末以外的晚上。因为第二天大家都需要上班、上学或者做其他必须要做的事情,你可以自动地结束这次约会。当然,如果你们确实非常喜欢对方,可以计划第二天或者接下来的周末继续约会见面。然而,并不是每个人的工作时间都是朝九晚五的,因此上班日的晚上并不一定适用所有的情况。以下是一些安排约会时的注意事项:

你们双方各自的工作时间如何?或许共同吃早餐对你们来说是最好的选择?

你们是否有共同爱好可以在第一次约会的时候分享？

你的经济状况如何？你是否需要安排一些费用不是很高但是可以获得乐趣的计划？

你们怎么到达约会的目的地？你是否需要接对方和送对方回家？

如前所述，没有安排好节目也可以邀请他人约会。如果你已经邀请了某人，而以上提到的注意事项让你犹豫未决，你可以询问约会对象的意见，然后根据她或他的想法安排计划。

温馨提示：

☐ 如果你不希望在第一次外出约会时给对方留下不好的印象，就不要随意变动计划。第一次外出约会也不要大手大脚地花钱。你的意图或许是好的，但是铺张的行为可能会得到相反的效果。

☐ 如果你是女方的父母，而你的孩子已经准备开始第一次约会了，你应该要求和她约会的人到家里来接她。如果他们决定在其他地方碰面，比如餐厅或者电影院，那么你必须提前和孩子的约会对象见个面，介绍一下自己，然后和对方约定约会的持续时间或者告诉对方你希望你的孩子什么时候到家。

☐ 约会过程中保持绅士风度。你到达目的地后，你可以为对方打开车门或者房间的门。只要涉及约会礼仪，绅士风度是永远不会过时的。

拒绝约会时尽量详细说明理由

如果你对邀请你约会的人不感兴趣或者不想接受这个约会，你应该怎么做？同样，尽可能详细地回复对方。如果你只是回复："嗯，我那天晚上很忙。"这样只会给对方再一次邀请你外出约会的机会。这种时候明确地回答对方你并不想和他约会或许是更好的答案，但是也不要太直接，你可以说："谢谢你的邀请，但是我已经和别人有约了。"或者："谢谢你的邀请，但是我现在并不想约会。"

温馨提示：
☐ 你拒绝约会时，最好给人一个充足的理由，即使编造一个理由也比生硬地说"不"要好。
☐ 如果你本想去约会却碰巧没有时间，可以请求对方换一个时间。

接你的约会对象

如果男方主动邀请对方外出约会，而你约会的对象也没有其他的打算，你就应该去接她，或者到一个方便的地方碰面。你可以去她家里或者上班的地方接她。

如果你去她家里接她，那么你应该保持良好的礼仪，并且要做好同和她一起住的人碰面的准备，不管是她的父母还是室友。这既给了他们审查你的机会，也能让她觉得更加自在。因为在她和你进行第一次约会之前，她信赖的或爱的人都在身边。

温馨提示：
☐ 当你接她外出约会时，不要拼命地按喇叭或者打电话提醒她你已经到了。
☐ 保持风度，走出车子，在她家门外等她。

约会结束后道晚安

男方在约会结束后，无论是你开车、乘坐同一辆出租车或者走路送她回家，你都应该确定她安全到家了。即使你不是约会的邀请者，约会并不愉快，或者你并没有再一次外出和她约会的欲望了,你也必须确定她安全到家。

如果事情进行得非常顺利,你也已经准备说晚安了,那么你该怎么做呢?用一个吻来告别并没有什么不好。

如果女方愿意和你的约会对象再待一会儿,但是今天晚上并不方便,你可以提出另一个对你来说方便的晚上。给对方一个明确的回应,让他知道,你也非常想再见他,非常愿意和他进行第二次约会。

温馨提示:

□ 女方不愿意进行第二次约会,在和对方握手说晚安的时候,暗示他:"这是一个美好的晚上,但是我觉得维持朋友关系或许会更好。"

在第一次约会结束时约定第二次约会

约定第二次约会的最佳时机是第一次约会结束的时候。这可以避免说"我会打电话给你的"这种情节的出现,因为即使你真的会在第二天打电话给对方,也会让对方陷入一个晚上的迟疑不决。一次愉快的约会后,你不要留给别人任何疑惑,让对方陷入"他(她)对我的感觉到底如何呢?"的困惑中。

相反,如果你想和对方再次见面,就应该约定第二次约会的时间。你可以在第二天或者马上就打电话给对方以确定你的安排,而不要在结束第一次约会时不给出任何具体的信息。比如说"当我确定好周末具体的安排时,我会在星期五给你电话的",这样要比"让我们谈谈周末的安排吧"让人满意得多。

温馨提示:

□ 在约会结束后向对方表示感谢,特别是你非常喜欢对方,想要和对方再次见面的情况下。但是并不需要赠送礼物,你可以在离开后,给对方打电话表示感谢,让对方知道和他约会非常开心。

公共场合的情感表露要有所节制

无论你们有多么相爱,你都必须控制自己在公共场所的情感表达。当然,在公共场所牵手、搂肩、快速地拥抱或者亲吻都是可以的。然而,不要在公共场所做一些只能在卧室里出现的行为,比如互相抚摸或者深吻,这非常不礼貌。

也许联谊会是人们唯一不会在意直接表露感情的场所,因为那时每个人都有一点点醉意。但是如果并没有这样的酒会,你也不是联谊会的成员,只是在家里举行的聚会,即使你和爱人多么情意浓浓,也必须把手老老实实地放在自己的身边。你们可以不时地亲吻对方的脸颊或者快速地拥抱对方表达彼此的情感,但是你不应该在客人身边热烈地亲吻。

如果你的客人感情表露得过于直接,你该怎么办?当然,你不能走向他,然后说:"到房间里面去。"他们结束亲热后,你可以把他们其中的一个叫到旁边,然后说:"不好意思,我不太习惯你们在旁边如此热烈地表达感情。你们是否介意稍微平和一点?"他们可能会给你一个道歉式的拥抱或者愤怒地离开。无论哪种方式,你都达到了自己的目的。也许下次你安排聚会的时候,可能要考虑邀请一些不会在聚会上亲热的朋友。

温馨提示:
☐ 情侣之间不可在公共场合做一些过于亲密的举动。
☐ 如果你的客人在聚会上公开热烈地表露情感,可以等他们停下后再提醒他们。

第二十五章

婚礼与舞会礼仪

Wedding and party etiquette

参加婚礼不可穿得比新娘还艳

参加婚礼绝不能穿得比新娘还艳。

伴娘穿得比新娘还艳，就会抢了新娘的风头。如果别人误以为伴娘是新娘，恐怕新娘一辈子都会厌恶伴娘。普通女性参加婚礼时穿得比新娘艳，也会导致同样的结果。在别人看来，也许你恰恰是想借这一做法发泄自己与新人的宿怨，或者是居心不良、勾引新郎。

如果你是男性，穿得比新郎还帅，不用说也是错误的、不合情理的。因为，如果你穿得衣冠楚楚，看上去比新郎还酷，在婚礼上就会抢了新郎的风头，引人注目，有的婚礼参加者还以为你就是新郎呢。

温馨提示：
□ 参加婚礼时，应避免穿大红色或白色衣服。
□ 参加婚礼时，女性应避免穿得暴露。
□ 参加婚礼时，女性应避免穿和新娘款式相似的衣服。
□ 参加婚礼时，女性不宜过分化妆，如描眉、涂口红等。

参加婚礼穿着不可太朴素

有的人参加婚礼时,穿着绝对没有抢新人的镜头,也绝对没有戴黑纱给人晦气之感。但他们穿得过于平常,身穿便装、牛仔服、运动鞋。有的老年人,干脆穿着早看不出本色的大背心来参加婚礼。

一句话,穿得太朴素了,以致让人怀疑他们是在逛大街。

参加婚礼穿得过于朴素给人的感觉有3点:

第一,你对新人的终身大事根本就不重视,是对他们的不敬,如果你是新人的至交或亲戚,对方必定会不愉快;

第二,你是故意制造穷酸相给新人看,表示嘲讽;

第三,会影响婚礼的和谐、喜庆气氛,让人觉得不伦不类。

温馨提示:

□ 参加婚礼时,应穿带有喜庆色彩的、做工精细的高档服装。
□ 参加婚礼时,女性应适当化妆。
□ 参加婚礼时,应避免穿居家服饰,如休闲服、拖鞋等。
□ 参加婚礼时,衣服应整洁干净,不宜穿破旧不整的衣服。

在婚礼上与新人开玩笑要有度

在婚礼上戏耍新人的确能给宾客们带来快乐,活跃现场气氛,但稍有不当就容易变成恶作剧,令人讨厌。

拿颜料涂抹新人的脸和四肢,容易弄脏新人的衣服。如果他们的服装价值不菲且是租来的,你说让谁来赔付呢?想出各种刁钻主意让新人表演节目,容易让新人陷入尴尬。如果你的提议格调不高,这样做简直是对新人的侮辱。

温馨提示:
- 参加婚礼时应始终表现得礼貌、大方。
- 遇到与新人开玩笑的环节,应掌握分寸。
- 不要在较为隆重的场合和环节戏耍新人。
- 如果有人与新人开玩笑过头了,可出面婉言相劝。

参加婚礼不可故意出风头

在婚礼上表情和动作夸张地与别人打招呼,腔调怪异地与别人说话,女性搔首弄姿,男性故意装酷……这些行为都是出风头的表现。

如果你与新人年龄相仿,在婚礼上出风头,别人可能会认为你感情上受了刺激,或者对新娘或新郎心怀芥蒂;如果你年长,别人可能会认为你心理有问题。

如果你身份高,别人容易视你为"不甘被放在焦点之外";相反,别人会认为你内心自卑。

在以新人为主角的场合上出风头,是对新人的蔑视,也是对其他参加者的不敬。

温馨提示:
- 参加婚礼时,说话做事都要有分寸、懂礼节。
- 参加婚礼时,不要刻意吸引别人的注意。
- 参加婚礼时,不要突然改变自己的形象和举止。
- 参加婚礼时,不要高声喧哗,狂饮滥喝。

舞会上场、下场要守规矩

舞会是人们结识新知、娱乐身心的好场合。在如此重要的场合,如果上场、下场不守规矩，必然是令人感到遗憾的。

　　上场时男性拖着女性，女性脚步踉跄地跟着，此情此景好似强盗抢劫，必然不会给观众留下好印象；下场时男性不等女性抢先离开，或者女性三步并作两步小跑着离开，此情此景会让人以为两人跳得很不愉快，必然也不雅观。

　　上场、下场如果毫不讲究，就不可能体现出舞会所特有的高贵、典雅的礼仪特点。

温馨提示：
▫ 男宾带女宾上场时，应请女宾走在前面，而非挽臂而行。
▫ 上场、下场时，男女舞者都应步履从容、表情轻松愉悦。
▫ 男女如果表演独舞，上下场时应礼貌地向观众鞠躬。

参加正式舞会要穿礼服

　　参加正式舞会不穿礼服是不守规矩的表现。

　　参加商务洽商后的舞会不穿礼服，参加婚礼典礼后举行的舞会不穿礼服，参加大型私人生日宴会上的舞会不穿礼服，参加社区里比赛性质的舞会不穿礼服……都会让在场的人很不舒服。在正式场合应该化妆，以此来表示敬人与自尊，参加正式舞会穿礼服也是同样的道理。

　　参加正式舞会而不穿礼服是对舞会举办方的藐视，也是对自己形象的亵渎和贬低。

温馨提示：
▫ 参加正式的商务或社交舞会时，无论请柬上是否注明须穿礼服，都应穿礼服赴约。
▫ 参加舞会所穿的礼服应尽量避免与他人重复，并要避免有脏污和破损之处。
▫ 在正式舞会上，男士一般穿西装或燕尾服，女性穿露肩露背的晚礼服。

邀请合适的舞伴

参加舞会时,不是任何人都适合做你的舞伴。如果你请错了舞伴,尴尬就会不请自来。

一位女性正同她的男伴亲密地坐在一起聊天,丝毫没有进入舞池的意思,你上前邀舞是对她的打扰;一位女性独自坐在角落里,显然是不希望被别人注意,你上前邀舞如果遭到拒绝,只能说明你不懂得察言观色。邀请身高、体型与自己相差极大的人跳舞,等于是为别人演滑稽戏。

邀请不合适的舞伴,就会导致共舞不和谐,是对邀请对象的不尊重。这是不礼貌的。

温馨提示:
□ 参加舞会时,不要邀请不愿意跳舞的人共舞。
□ 参加舞会时,不要邀请同性共舞。
□ 参加舞会时,不要邀请已经有舞伴的人跳舞。

邀请舞伴要看时机

一位女性刚跳完一曲节奏欢快的舞曲,细汗淋漓,正坐在场下休息,你上前邀舞多半不会得到同意;一位女性刚刚拒绝了一位男士的邀请,你就立刻上前邀舞,无疑是对被拒男士的挑衅,也是给这位女性制造麻烦。别人跳舞时扭了脚,对方刚高一脚低一脚地回到座位上,你就上前邀舞,无疑是对其身体状况的不关心、不体谅。

邀舞不看时机,无法成功邀请到对方是小事,让对方对你产生故意捣乱的印象,就不能说是礼貌之举了。

温馨提示：
- 邀舞时应避开对方正在接受别人邀请的时刻。
- 邀舞时应选择对方兴致好、心情愉快的时刻。
- 邀舞时应选择对方精力充沛、暂时没有确定舞伴的时刻。

跳自己熟悉的舞

跳舞时如果舞种自己不熟悉，最好不要跳。

以交际为目的的舞会不是舞蹈培训班，没有人愿意做你拙劣舞技的观众。如果自己不会跳拉丁舞，却逞能与高手共舞，结果只会大出洋相，不仅令高手跳得不痛快，也让你跳得艰难而难看。跳自己不熟悉的舞是对舞伴和在场观众的不尊重，也会令你显得鲁莽、爱表现。此外，跳自己不熟悉的舞还可能踩到舞伴或撞到其他人。再者说，如果因为你而降低了整场舞会的档次，你将会成为众矢之的。

温馨提示：
- 遇到有人请自己跳舞而自己不会跳时，应该婉拒而非勉强接受。
- 如果自己不会跳舞，不要主动请别人带你。
- 自己不会跳舞的时候，不要在舞池里独自旁若无人地模仿别人的脚步和动作。

拒绝邀请要说明具体理由

在舞会上，陌生人之间邀请与被邀请是再平常不过的。但如果拒绝受邀时只说声"抱歉"就不再理睬对方，未免太过冷漠。

如果对方几次邀请你你都拒绝，且只拒绝而不说任何理由，对方会觉得很不甘心；如果对方态度恳切，你拒绝而不说明理由，必然会让对方很不愉快。拒绝邀舞而只说声"抱歉"，就好像指责一个无辜的人犯错却不说明原因，会使人委屈而想不通。

温馨提示：
□ 拒绝别人邀舞时，应礼貌地说明缘由——即使这个缘由是编造的。
□ 拒绝邀请时，不要一言不发。
□ 拒绝邀请时，表情和态度应从容大方。

跳舞时与舞伴保持适当的距离

跳舞时贴舞伴很紧，绝对会引人侧目。但你不会赢得欣赏的目光，因为这是错误的行为。

跳舞时，男士紧紧抱住女舞伴，以致彼此能感受到对方呼吸的气息，如果彼此陌生，这是对女舞伴的侵犯；如果彼此相熟，这会令女舞伴感到不自然。同样，女士在跳舞时紧贴男舞伴，把头搭在男舞伴肩上或者把身体挂在男舞伴身上也是不礼貌的，同样是对男舞伴的骚扰和侵犯。

即使是恋人，在公共场合跳舞时也不应贴得太近。

温馨提示：
□ 跳舞时，舞伴之间应该相距两拳左右的距离。
□ 跳舞时，男士的手应轻放在女士的腰部。
□ 跳舞时，舞伴之间应避免贴脸。

选舞伴要懂规矩

参加上司或者好朋友举办的舞会，只和主人打过招呼就找别人跳舞去了，直到整个舞会结束也没有邀请女主人跳过一次；自己带了舞伴前来，一进舞场就抛下舞伴与别人跳舞，整场舞会下来竟然没有和自己带来的舞伴跳一支舞；跳舞时，只邀请长得漂亮的人跳，对自己座位旁边的人却始终视而不见……

有以上表现的人，会给人以傲慢、势利、无知、自私的感觉，别人因此而拒绝你是丝毫不必惊讶的。舞蹈可不是上了舞场随便拽个人就能跳的，不懂规矩的话，会让人觉得你不懂礼貌。

温馨提示：
- 参加私人舞会，男士跳第一支舞时应选择自己的女伴。
- 男士的第二支舞应选择私人舞会的女主人作为舞伴，而后他应分别邀请自己座位两侧的女士跳舞。
- 如果男士希望再次与自己的女伴共舞，只能选择最后一支舞。

舞曲类型要有变化

舞曲选择得如何，关系到一场舞会能否成功。

从头到尾演奏慷慨激昂的快节奏舞曲，参加舞会的人不等舞会结束就会集体累倒；千篇一律地放节奏轻柔缓慢的摇篮曲、小夜曲，舞会尚未结束，参加者就会昏昏欲睡。举办舞会就必须营造出欢乐而有张有弛的气氛，而舞曲选择单一类型，则无法起到愉悦身心的作用，也难以使舞会充分发挥结识新知、促进交际的积极作用。

温馨提示：
- 在舞曲的选择上，应保证舒缓与节奏稍快的舞曲穿插演奏。

第二十五章 婚礼与舞会礼仪 | 183

□ 正式的舞会，舞曲应该选择现场演奏的形式。如果使用音响，应尽量避免出现卡带等意外。
□ 舞会结束的标志通常是播放或演奏《友谊地久天长》（或《一路平安》）。

男士不可拒绝女士的邀舞

男士拒绝女士的邀舞是错误的。

女士打破男士主动邀请的惯例主动邀请男士跳舞，这行为本身就说明女士已经鼓足了勇气，说明她对自己所邀请的男士很欣赏。如果男士拒绝她的邀舞，就是对她的伤害。在舞场上，男士尤其应该表现得绅士。拒绝女性邀舞是违反绅士礼仪的，会被其他女士甚至男士蔑视。

温馨提示：
□ 女士邀请男士跳舞前，应首先确定没有打扰到男士与别人交谈。
□ 女士邀请男士跳舞时，应该态度恭敬而恳切。
□ 男士如果的确不便跳舞，应耐心向女士解释，而女士应礼貌而有涵养地接受。

跳舞结束后不可径自返回

殷勤邀请到一位舞伴，愉快共舞之后，音乐一结束，就马上若无其事地走开，你的舞伴必然会觉得有些失落；应邀参加朋友的生日舞会，整场舞会结束后，你不声不响地按时离开，朋友一定会觉得自己在你眼中只是个素不相识的舞厅负责人。无论是某一支舞曲结束还是整场舞会结束，跳舞结束后径自返回都会让人产生误解，认为你对舞蹈的兴趣远远大过对人际关系的兴趣，认为你冷漠或者孤僻、戒备心强。

就好比路上看到熟人不打招呼，跳舞结束后径自返回，不可置疑是不礼貌的行为。

温馨提示：
□ 一支舞曲结束后，应与自己的舞伴稍事寒暄。
□ 如果跳的是最后一支舞曲，男士应礼貌地询问女士是否需要送她回家。
□ 整场舞会结束后，参加者应礼貌地与主人告别。

邀舞时应谦虚有礼

有的人觉得自己仪表堂堂，邀请别人跳舞时就摆出唯我独尊的姿态；有的人觉得自己的地位非同一般，请别人跳舞时就显得倨傲非常；有的人觉得自己名声显赫，请别人跳舞时就盛气凌人。这样做是错误的。

请别人跳舞时，你所处的位置是"请求别人"，而不是"被请求"。如果不表现得低姿态一点，再善良和气的人都会对你不屑一顾。盛气凌人地邀请别人，会给人以压迫感、威胁感，让人觉得自己的尊严受到了侮辱。

温馨提示：
□ 邀舞通常的规则是男士主动邀请女士。邀舞时，男士应礼貌地面对被邀的女士微微鞠躬，同时说"你好，可以请你跳支舞吗"之类的话。
□ 邀舞时不应表情生硬、声音含糊不清，应避免粗俗或拘谨。
□ 邀舞时如果遭到拒绝，应保持礼貌、有风度地离开。

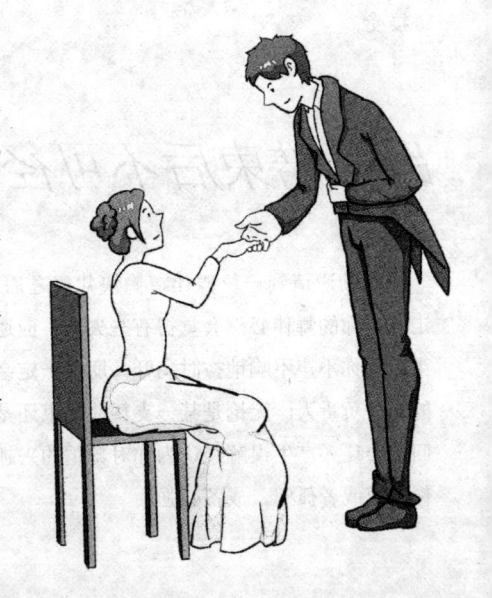

第二十六章

寿礼和葬礼礼仪
Birthday present and funeral etiquette

做寿要遵循年龄规定

做寿,俗语称"做生日"。做寿的年龄有一定的规定,人届30岁诞日,称做生,但不称做寿。中国民间有俗语:30不做,40不发。40不做的原因是民间方言认为"40"的谐音为"死日"。50岁开始,凡岁数逢10的生日,才称做寿。60岁、70岁、80岁以上老人的寿辰,称"做大寿"。有的地方有"做九不做十"的习惯,即60大寿在59岁做,是为避"十全为满,满则招损"之讳。

一般做寿,各年纪有不同的称呼,50岁称暖寿、半百添寿;60岁称小寿、花甲寿;70岁称中寿;80岁称上寿、大寿;90岁称绛老添寿;100岁称期颐。

温馨提示:
□给人祝寿时,要根据不同的年龄正确地称谓,以避免忌讳。

赠送寿礼要轻重得宜

前往祝寿的亲友以礼盒、酒或红包等贺礼来祝寿。寿礼中通常有寿烛、寿桃和长寿面。寿烛为红色，上书"福如东海，寿比南山"金字或松鹤图，祝寿时点燃。有的在寿烛上置金色"寿"字。

赠送寿礼要考虑对方的身份地位，送礼一定要恰当。如果你送的是大礼，有炫耀自己与寿星的关系的嫌疑，如果你送的是很"薄"的礼物，就会有贬损寿星的嫌疑。无论你和主人的关系如何，你的礼物档次如何，高调随身携带寿礼都显得过于张扬。如果无法让自己显得自然大方，那么你的"礼貌"做法肯定是出了问题的。

祝寿时，不要随身携带寿礼。

温馨提示：
□祝寿前，应将寿礼提前送到主人府上，放在指定位置。
□送交寿礼时，态度应谦恭而低调。
□送寿礼时应避免与其他人攀比。

赠送寿联要符合对方的情况

为人祝寿，送上一副寿联，既表达赠送者的祝寿心愿，同时也对寿星的生平业绩有所称颂，可谓是一种比较高雅的祝寿礼品。

寿联多为5字或7字，也有达数十字或数百字的。寿联的内容，以切事、脱俗、工整而有韵味为上乘。所以撰拟寿联，必须认清对象，立定主旨，选用恰当的词句，注以流畅的气势。对人则恰如其分，对事对物则描摹生动，不务虚华，使人看了即了解其意义，引起共鸣。

赠寿联要考虑对方的性别、年龄、诞辰季节（月份）、社会地位及职业特点、与自己的关系等。

温馨提示：
□寿联的内容要切合当事人的生平事迹，不可胡乱编造。
□写寿联还要考虑对方的性别、年龄和社会地位等因素。

第二十六章 寿礼和葬礼礼仪 | 187

寿筵的规模要根据年龄而定

　　寿筵前要向亲朋好友发请帖。祝寿礼仪隆重者，家中设寿堂，燃寿烛，结寿彩，寿星着新衣，坐中堂，接受亲友、晚辈的祝贺和叩拜。

　　做寿的寿筵，一般是寿龄越大越丰盛，礼仪也是寿龄越大越隆重，50为做寿，60称甲子诞，70设古稀宴，80摆大寿酒。

　　早晨寿面，中午酒筵，也有的中午吃寿面，晚上亲友聚宴。宴散，向四邻亲朋分送礼物。

温馨提示：
□ 邀请亲朋好友参加寿筵要提前发送请帖。
□ 寿筵的规模要根据寿龄的大小而有所区别。

饮寿酒、吃寿面要注意规矩

　　酒与"久"谐音，久与"长"同义，以酒祝寿，意祝长寿。饮寿酒时，必先敬寿星，然后宾客共饮。

　　在寿宴的菜肴中，寿面是不可或缺的，寿面象征长寿。吃长寿面时，要将寿面拉高抽长，表示寿星将会福寿绵长，忌讳从中间咬断。

温馨提示：
□ 饮寿酒前，要先敬寿星，然后宾客共饮。
□ 吃寿面时要一根面吃到底，不可从中间咬断。

以守丧的方式悼念至亲好友

在传统习俗中,悲恸的人们会以守丧的形式与死者告别。这种形式能够很好地安慰家属,尤其使用玻璃棺材时。家属有可能会选择举行遗体告别仪式。仪式上,亲朋好友不仅可以对死者表示尊重和悼念,还能够表达对生者的慰问。

温馨提示:

☐ 如果你与死者的关系非同一般,可以亲自前往为死者守丧,以表示尊重和悼念。

对死讯谨慎询问

有人去世后,你需要一些亲朋好友帮忙传递死讯。不要让别人在超市里听到其他人议论时才知道自己关心的人已经去世了。这是非常糟糕的行为。

听到某人去世的消息后,马上致电对方家属表达自己的慰问之情,询问对方是否需要一些帮助。亲人刚刚去世时,家属可能还不知道应该做些什么,他们肯定会感激你提供的帮助。

如果孩子失去父母,或者父母失去孩子,这种情形或许更为糟糕,情况总是很困难。你不仅需要联系孩子或者父母,还需要对他们的伴侣或者兄弟姐妹表示慰问和同情。

如果去世者是意外身亡,询问死因是不礼貌的。你可以从讣告上获悉死因的暗示,比如家属希望人们向医院、慈善机构或者健康相关的福利机构捐赠。

温馨提示:

☐ 当亲朋好友有家属去世时,要及时致以问候,并提供帮助。

□ 如果死者是意外身亡，切忌向其家属询问详细死因。

告别遗体时避免带小孩

如果守丧时采用透明的棺材，那么遗体是可见的，但是你可以决定是否需要靠近遗体。有一些人，特别是小孩子，靠近遗体可能觉得很害怕。不要强迫他人靠近遗体。不管你是否愿意靠近棺材，既然已经参加守丧，就应该对死者的家属表示同情和慰问。

温馨提示：
□ 西方社会认为黑色是悼念的颜色，而东方人则认为白色代表死亡。如果你要参加东方葬礼，选择白色或者浅色的衣服，不要选择黑色或者深色的。

为去世的亲友刊登讣告

在报纸上登讣告看起来有点类似于广告。事实上，家属需要支付费用才可以刊登讣告，如同刊登广告。殡仪馆也会付费发布讣告，因此有时候你会看到关于同一个人的不同讣告。殡仪馆的讣告通常包含遗体告别仪式、葬礼和悼念者吊唁方面的信息。死亡讣告可以包含也可以不包含死者的照片。

具有报道价值的人去世后，报纸会报道有关信息，这类文章一般称为讣告，通常包含一些死者的生平事迹和葬礼的安排等等。葬礼相关信息通常位于讣告的末尾。是否需要发布讣告完全取决于报社的决定。当地报纸一般都会刊登讣告的。

温馨提示：
□ 去世的亲属生前在社会上有一定的影响力，你可以在报纸上刊登讣告，以向更多的人告知死讯。

葬礼的花费要尽量节俭

有很多人通过他人的死亡谋生——殡葬服务并不是免费的。这个现实或许比较难以令人接受。心爱的人去世后,你也不能期待能够免费享用一切。费用同殡葬规模相关,少则几千元,多则上万。下面是一些需要预计在内的费用:

准备遗体。

棺材。

租借殡仪馆举行仪式,包括灵车。

家庭成员车队服务。

通常,悲痛的人们无法妥善地处理殡葬费用和安排整个葬礼,因此最好请值得信任的朋友帮助处理。

温馨提示:

□ 葬礼可丰可俭,这取决于你的经济承受能力。不过,最好不要把葬礼举行得过于奢华,要适可而止。

□ 如果当事人过于悲痛,可以请值得信任的朋友代理葬礼。

及时向亲朋好友通知死讯

通知死讯可以按照以下程序进行:首先列出所有亲朋好友的名单,然后以自己的名义打电话通知,还可以在报纸上刊登死讯。在报纸上刊登讣告的意图并不是告诉所有人某人去世的消息。

温馨提示:

□ 如果有亲属去世,要及时以各种方式向所有的亲朋好友通知死讯。

对死者的家属表达慰问

可以通过电话和卡片来表达对死者家属的悼念之情。得到某人死讯后，应该立即致电死者家属，然后马上寄慰问卡片。如果你想购买事先打印好的卡片，不要仅仅在上面签名，请写上一些安慰的话语，即使只是简单地写上："对此我深表遗憾。"

除了慰问卡片，还有很多安慰的方式，比如可以提供一些帮助，使得家属的生活能够相对容易些；可以帮忙购物、整理房间，这样家属可以安排葬礼后的招待；或者不时地冲上一杯咖啡。

温馨提示：
□ 悲痛的家属也必须感谢收到的每一张悼念卡片。爱人离去后的一时间内，你还是需要写感谢信寄给赠送了悼念卡片的每一位朋友。

葬礼主持人要保持严肃、庄重

葬礼主持人要精心写好追悼词。追悼词的内容主要包括：写明自己怀着何种心情悼念死者；介绍死者的身份、职务、逝世原因、时间、地点及其享年；追述死者主要生平业绩，做出合理评价；表达对死者的惋惜心情，激励生者。悼词一般不提死者的缺点和错误。

葬礼主持人要表情严肃、心情沉重，语速缓慢、低沉，说话有力但不张扬。衣着要庄重，穿黑色西装，夏天可穿白色衬衫。

葬礼主持人讲话要有分寸，来宾身份不同，在讲话时不能混淆来宾，在称呼上要慎之又慎。

温馨提示：
□ 葬礼主持人不比其他主持人，在追悼会上要庄重，要让真情自然流露，要营造一种哀悼亲人或朋友的肃穆气氛，不能虚情假意，装腔作势。因为那不但是对死者的不敬，也会引起其他宾客的反感、谴责。
□ 在葬礼中，由于死者去世，亲人或好友因为悲伤过度可能会出现一些意外情况，对此，主持人也要早有准备，及时处理，防止葬礼出现较大影响。

参加葬礼不可穿鲜艳衣服

葬礼是极其严肃的场合，如果身穿鲜艳衣服参加葬礼，不仅与葬礼气氛不相融合，而且还会引起公愤。

穿着鲜艳衣服出席葬礼，无疑是将别人的葬礼变成了自己的服装秀。如果你身份显赫或者与死者生前交情不错，这么做就有幸灾乐祸之嫌。穿鲜艳衣服参加葬礼，是同时向死者及其亲人以及所有参加葬礼的其他宾客表示蔑视，别人会认为你居心不良。

温馨提示：
□ 参加葬礼时，一定要避免穿大红大绿的颜色鲜艳的服装。
□ 参加葬礼时，女性应避免穿着暴露。
□ 参加葬礼时，女性应避免化妆。
□ 参加葬礼时，应避免穿款式怪异的服装。

参加葬礼不可佩戴耀眼的首饰

有的人参加葬礼穿的衣服符合标准，很素，却佩戴了耀眼的首饰。这是不能提倡的。

在葬礼这种场合，一切都应以素为上。戴着全套参加晚会才适合的闪光的钻石首饰，别人会以为你走错了地方；戴着彩色精致的首饰，别人会觉得你心情愉快；戴着造型夸张的首饰，别人会认为你不是真心来悼念死者，反而更像来这里结识新朋友的。总之，不论是死者的亲属，还是与死者关系不太亲密的人，参加葬礼戴首饰，都是不适合的。

温馨提示：
□ 参加葬礼时，应避免戴颜色鲜艳或耀眼的首饰。
□ 参加葬礼时，应避免戴形态怪异的首饰。
□ 参加葬礼时，女性最好不要戴首饰。

参加葬礼要注意神情举止

在葬礼上，每个细小的动作和神态都不能随随便便。

在葬礼上面露微笑，神采飞扬，你这是追悼死者还是庆幸死者去世？在葬礼上脚步匆匆，风风火火，你这是在赶场还是活力过剩呢？在葬礼上谈笑风生，不时呼朋唤友，你以为这是参加鸡尾酒会吗？

在葬礼上不注意神情举止，容易引起别人的怀疑，给别人留下无情无义的印象。如果你是死者生前的朋友，不注意一举一动会让死者的亲人失望；如果你与死者生前有过节，不注意动作、表情会让死者的亲人感到寒心。

温馨提示：
□ 参加葬礼时，应表现出沉痛哀悼的表情。
□ 在葬礼上，行动不要夸张，应缓步行走、轻声说话。
□ 在葬礼上，应避免挤眉弄眼、发笑、高声喧哗等。
□ 在葬礼上，不应该随便拿走礼品或有用的东西。

第二十七章

孩子养育礼仪
Child rearing and etiquette

通知怀孕的消息宜缓

怀孕或者分娩虽然是最为常见的事情之一，但是并不意味着同别人分享怀孕的细节或体重增加的情况是合适的做法。只有注意这个细节，你才能够成为一个遵守礼仪的孕妇。同时你还应该知道在街上遇到孕妇时，什么样的行为才是有礼貌的。

当你知道自己怀孕时，或许会开心地想跑到顶楼上大喊大叫。这种兴奋之情是可以理解的，但是请不要很快地公布这个消息。其实这和礼仪并没有关系，这是因为妇女在怀孕10周或12周之前很容易流产，如果还没有达到这个时间，为了避免在公布怀孕的消息之后公布流产的消息，请等到怀孕满12周后再和大家分享喜悦之情。

温馨提示：

▫ 向亲朋好友通告怀孕的消息最好选择在怀孕12周后，因为此时胎儿已基本稳定，流产的概率很小。

与合适的对象交谈怀孕的细节

在同别人分享怀孕的细节之前,应该先想想如果别人告诉你卧室中的事情,你会有什么样的感受?想必这会让人们感到非常不舒服。所以如果过多地同别人分享你怀上孩子的细节,也会让他们难堪。

但如果你正在给一些有类似情况的夫妇提供建议,讨论这些话题也是可以的。因为一般的朋友也许接受不了,但是有相关问题的就可能对此比较习惯,或许他们还可以从你成功怀孕的经验中受益。

温馨提示:

☐ 用家用试纸测试发现怀孕后,你可能想把这个结果保存在日记中。这个想法是很好的,但是放在日记中并不合适。其实你可以将怀孕测试结果拍下来,保存在相册中。

与他人分享胎动的喜悦要慎重

孕妇在怀孕之后都会感觉到胎动。你肯定希望亲朋好友能触摸你的腹部和你一起感受胎动。如果他们对触摸别人的腹部并不反感的话,那是一件非常美妙的事情,但并不是每个人都喜欢这么做。千万不要强行抓过朋友的手直接放在自己的腹部上,要事先询问对方是否想感受胎动,然后尊重对方的决定。

同样地,如果你遇到一名孕妇,不管与她是否熟悉,都不要理所当然地认为她愿意你接触她的身体或是把手放到她的腹部上。因为并不是每一位孕妇都喜欢别人把手放到她的腹部上的,所以在触摸孕妇的腹部之前,也要获得她的同意。

温馨提示:

☐ 如果你是孕妇,不要以为所有人都希望感受你的胎动,要选择合适的人分享胎动给你带来的惊喜。

☐ 如果你想感受一下胎动，在触摸孕妇的腹部之前，先征求她的同意。

不要给准妈妈讲生孩子时的痛苦过程

第一次经历生产的女性通常会对生产感到恐惧，即使是第二次或者第三次生产的女性，也可能对预产期的到来感到惊慌。如果你已经生过孩子，有临产的朋友向你询问这方面的问题时，尽可能提供一些建设性的意见，而不要给准妈妈讲生孩子时的痛苦过程。这并不是说你需要美化生产的过程，而是说你的朋友需要的只是意见和技巧，这样她才可以准备得更加充分。所以，即使你在生孩子的时候有筋疲力尽的感觉也不用告诉她，她并不需要知道这些。

温馨提示：
☐ 如果你是一名孕妇，当身边的朋友开始讲述生孩子遇到的痛苦时，要告诉她们讲这些经历并不合适。在孩子出生之前，尽量避免和喜欢分享恐怖经历的朋友碰面。

给孩子和母亲选择合适的礼物

如果准妈妈在邀请函上提供了挑选物品的商店的名字，那么选购礼物就非常方便了。你可以选择礼物单上他人还未准备的物品。礼物单上的物品通常是准父母需要的，因此你可以放心购买。如果你发现礼物单上已经没有你想要赠送的价位的礼物了，那么

衣服、毛毯和尿布都是一些不错的选择。卡片也是比较实惠的礼物，准父母可以使用这些卡片写感谢信。

如果你希望在庆祝会上打开这些礼物，那么需要提前练习自己的脸部表情。这样才可以在打开一个不喜欢或者认为不合适的礼物时不会露出沮丧的表情。在众人面前打开礼物时，必须一直保持微笑和优雅。

最后，请朋友在你打开礼物的时候记录赠送礼物的宾客和所赠送的礼物，以方便日后写感谢信。

温馨提示：
□ 在庆祝会上打开客人赠送的礼物时，要始终保持微笑，即使对礼物不满意，也不可露出沮丧的表情。

为新生儿的庆祝会做好准备

给准妈妈举行新生儿庆祝会是一件非常好的事情。你可以以孕妇朋友或者家人的身份为她庆祝，但不要在工作场所举行这样的聚会，当然这并不是说不能和同事一起举行这样的聚会。尽量将聚会安排在业余时间，不要占用工作时间。

你可以把新生儿庆祝会当作给准妈妈的惊喜，也可以提前告诉准妈妈你的安排，这两种都是不错的选择。但是必须事先通知宾客，以便她们决定是否前来。

如果你决定将这次聚会当作一个惊喜，那么可以先安排几个能够在聚会那天一直和准妈妈在一起的朋友，确保她们能够准时地将准妈妈带到聚会中。提前安排好那一天准妈妈的娱乐活动，比如早晨可以去泡温泉，然后找个借口让她到聚会所在的饭店。比如找个重要的节日外出就餐就是一个不错的理由。

在孩子出生前，母亲总是受关注的焦点。孩子出生以后，可以为准父母安排第二次婴儿聚会，这样孩子的父亲也可以融入其中。通常朋友们会为新父亲准备一些适宜的礼物。可以按照男人的方式为他安排庆祝会，比如在后院进行烤肉的活动。

温馨提示：

□ 第一次为人父母总是需要在家里准备一些儿童用品，其中有一些非常昂贵。那么朋友们可以一起赠送这样的用具作为聚会的礼物，比如推车、婴儿椅或者婴儿床。购买礼物之前先询问一下准父母是否已经有这样的物品了。没有人希望收到两个相同的大件礼物，大件礼物退换通常很麻烦。

对庆祝会的礼物表示感谢

朋友们特意为你举办了新生儿庆祝会，并慷慨地赠送礼物，你应该对她们的祝福和慷慨表示感谢。

除非你在庆祝会后马上分娩了，否则必须在第一时间寄出感谢信。你可以用统一的模板写感谢信，具体参照如下：

首先在感谢信上写上礼物赠送者的名字。

感谢她（他）赠送的礼物。

简短地说明这件礼物对你来说是多么的有意义或者在孩子出生后你将如何使用这件礼物。

再一次感谢，或者写上"我们会告知您孩子的出生日期"之类的话。

签名。

温馨提示：

□ 庆祝会结束后，要及时向赠送礼物的朋友们表示感谢。

要妥善处理死产或先天性缺陷

生孩子是令人激动的事情，但是有时候事情并不顺利，生产过程中也会出现一些并发症。孩子有可能死产或者天生带有某种缺陷。当不幸降临时，你便不能成为幸福快乐的准妈妈了。你并没有迎来一个期待中的健康的孩子，相反需要面对的是孩子天生的缺陷。无论谁都会为此感到哀伤、心烦。

当然，亲朋好友都还在焦急地等待孩子出生的消息，想知道到底是男孩还是女孩。你要给自己一些时间整理思绪来对待这个出乎意料的不幸。接下来你和伴侣必须想好怎样将这个不幸的消息告知他人。

如果孩子没有存活，你或者你的丈夫可以在告知他们孩子出生时间的同时说明孩子没有存活的事实。如果孩子生来带有生理缺陷或者遗传病，除了告诉他们孩子出生的时间和体重外，也可以提到医生已经诊断出孩子带有先天性缺陷。

当人们知道孩子没有存活或者带有先天性缺陷时，可能会陷入沉默。面对这样的消息，你可能会不知所措，但是不要置之不理，要安慰孩子的父母。孩子的父母先是面对生产的困难，接着还面对这样的不幸，作为亲友要尽可能地给他们支持和帮助。

温馨提示：
- 得知朋友的孩子死产或有先天性缺陷，要尽力帮助他们面对不幸，而不可置之不理。
- 如果你自己的孩子死产或有先天性缺陷，也要坚强地接受事实，尽快走出悲伤的心理。

拜访新妈妈要选择恰当的时间

得知朋友生了孩子后，你可能会本能地冲向医院去看望妈妈和婴儿。这是非常好的行为，但并不是最礼貌的。刚分娩的母亲已经筋疲力尽，她可能想单独和孩子一起休息片刻；或者她正在试着给孩子哺乳，但是并不习惯在

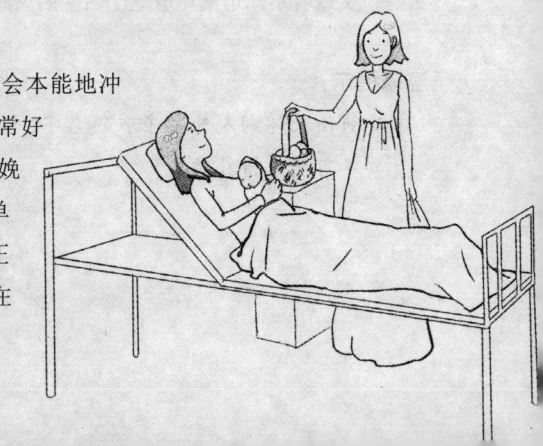

他人面前进行。在你带着水果篮驱车前往医院之前,应该先打个电话询问孩子的父母现在是否方便接受拜访。得到他们的许可后,再前往医院看望。如果现在并不是最佳时机,就要尊重孩子父母的意见,等他们从医院返回家中后再去拜访。

温馨提示:
□ 拜访刚生完孩子的朋友要注意选择时机,不可鲁莽行事,最好在拜访前先征求对方的同意。

不可取笑别人家孩子的名字

给孩子取名字是一件很重要的事情。要选择父母双方都觉得好听的名字,还要有一定的意义。当然,只有你和另一半才有权利决定你们孩子的名字,这也是一种责任。

有些人总是喜欢批评别人为孩子取的名字,因此在孩子出生前不要急于告诉他人自己所考虑的孩子的名字。如果你实在忍不住想要和他们分享,那么要做好充分的心理准备,并不是所有人都会给你期待中的反应。

当你听到一个自己并不喜欢的名字时,仍要尽可能地保持礼貌。取笑别人的名字是非常粗鲁的行为。如果对方没有询问你,就不要提供一些自己喜欢的名字作为参考。然而,如果你听到一个不是十分明白的名字,或者不知道怎么写,又或者不知道父母取这个名字的灵感来自哪里,可以礼貌地询问。

温馨提示:
□ 不要随便批评别人为孩子取的名字,即使你不喜欢,或者感觉很怪异,也要尽可能保持礼貌。

及时通告孩子的出生

听到孩子出生的消息，每个人都会感到很兴奋。新父母要在孩子出生后的2~3个星期内发出告示，同亲朋好友分享这个好消息。告示中要包括大家所好奇的所有细节，比如孩子的出生日期、时间、身高和体重、头发和眼睛的颜色，当然还有名字。如果你还有年长的孩子，也可以让这个小哥哥或小姐姐来宣布弟弟或妹妹的到来。

温馨提示：
□ 孩子出生后，由于过度忙碌和疲惫，你或许没有精力选择告示的形式。所以应该提前计划和安排，这样孩子出生后，就可以立即按照计划进行。你只需要在卡片上补充孩子出生的细节就可以了。

选择合适的哺乳场所

如果你是一位正处于哺乳期的母亲，那么需要寻找一个适合哺乳的地方。哺乳虽然是最为自然的事情，但并不适合在公共场所进行。当你准备和孩子一起外出的时候，事先观察一下周围的环境，确定是否有适合哺乳的地方。大部分百货公司的女更衣室里都有很舒适的凳子或者长椅，很适合哺乳。野餐时，你可以利用汽车的后座。在他人家里的时候，你可以在卧室中哺乳。

温馨提示：
□ 如果在户外的某个地方或者公共场所遇到正在哺乳的母亲，或许她不够小心谨慎，但不要对此感到大惊小怪。法律并没有规定不能在公共场所哺乳，但这并不是说母亲就可以不考虑一下孩子外出时的哺乳问题。

不可随意丢弃脏尿布

除非你拜访的家庭或者商店有更换尿布的装备,否则不能简单地将脏尿布丢在离自己最近的垃圾桶里。脏尿布对人们的感官会有很大的刺激,因此即使是无心之举,你也不能让别人来承受这种痛苦。

尽量在房子外找一个可以丢弃脏尿布的垃圾桶。如果没有这样的地方,你需要随身携带一个塑料袋,这样你就可以将脏尿布包裹好放在里面,然后在回家的路上扔掉。

温馨提示:

▫ 切忌随意将更换下来的尿布扔在室内的垃圾桶里,这是一个极不礼貌的行为。

在朋友家为孩子更换尿布要注意卫生

孩子需要更换尿布时,无论身处哪里,你都必须尽可能快地更换尿布。但即使这是对你而言很着急的事情,也不可以不注意礼仪。

不要在朋友家的餐桌旁或者卧室昂贵的地毯上更换尿布。事先询问朋友是否有适合更换尿布的地方。更换尿布后,你可能需要清理朋友家厨房的地板或者卧室中换尿布的小盆子。只有通过事先询问,你才能够保持礼貌,不至于影响朋友的正常生活,超过他们可以忍受的极限。

现在大部分的尿布包都配有更换尿布的衬垫。通过使用衬垫,你可以保护孩子裹尿布处的皮肤,防止孩子的皮肤接触一些不干净的东西。

温馨提示:

▫ 给孩子更换尿布时要注意场合,切忌在餐桌旁进行,如果是在朋友家中,最好询问适合的地方,以免弄脏人家的地毯。

使用儿童推车要避免妨碍他人

携带孩子时，使用推车会使得自己的行动更加便捷，但是使用推车并不意味着你可以将礼仪也推到一边。推车是由一些部件组成的机动装置，有时候也会成为障碍。在拥挤的转角，如杂货店的走廊和拥挤的商店，你必须小心翼翼地控制推车。大部分人总是会不小心被车轮碾到，或者撞到。你有责任保证自己不妨碍他人。不要以为自己推着推车，别人就应该让路。如果不小心撞到了别人或者碾过他人的脚，你应该马上道歉。

温馨提示：

- 如果你带着推车去餐厅或者商店，事先观察周围的环境。看看婴儿车能否通过过道。如果不能，那么你只能将婴儿车停在外面，然后抱着孩子进去。
- 如果过道过窄无法通过推车，你可以选择另外一种携带孩子的方法：使用背带或者婴儿捆绑式安全带。

礼貌地使用儿童汽车座椅

法律规定婴儿或者小孩子坐车时必须坐在儿童汽车座椅里，你最好遵从规定。如果你要携带他人的孩子去某个地方，确定自己知道如何使用儿童汽车座椅：不仅仅是如何将儿童汽车座椅安装在自己的汽车里，还要知道怎样将孩子固定好。事先阅读使用儿童汽车座椅的注意事项。

如果朋友要求你顺路搭载孩子，但是她并没有提供儿童汽车座椅，你完全可以拒绝。你可以告诉她：不使用儿童汽车座椅载孩子，你会觉得非常不舒适。如果你有多余的儿童汽车座椅，问她是否愿意借用。如果对方拒绝使用儿童汽车座椅，那么拒绝搭载她的要求。

温馨提示：

□ 使用儿童汽车座椅具有非常普遍的意义。你需要在使用前确保儿童汽车座椅正确安装。一项最新的儿童安全研究表明：85%的父母并没有正确安装儿童汽车座椅。在将孩子放在椅子上之前，要仔细地检查两遍。

让孩子学会文明就餐

你可以在家里练习就餐礼仪。比如，在餐桌上，你可以提醒孩子咀嚼的时候不要说话，不要打断他人发言，用轻柔的声音交谈。此外，以身作则，确保自己的餐桌行为同你对孩子的要求是一致的。接下来你可以经常带孩子去餐厅就餐，练习这些礼仪。

在家里和餐厅练习良好礼仪的时候，分散注意力是让一个饥饿的孩子保持礼貌的最好方法。有些餐厅会安排一些适合孩子的活动和配套设施，这样等待食物的时候孩子就不会无所事事了。但是你不能指望每一间餐厅都提供足够的儿童书籍和蜡笔画。因此外出就餐时，可以携带一些玩具和画笔，这样孩子就可以很好地打发等待食物的时间了。如果你忘记带玩具和画笔了，也可以和孩子即兴地做一些小游戏，比如"隐蔽的刽子手"或者在座位和桌子之间捉迷藏。

最后，无论你有多累、多饿，都必须确保孩子在就餐过程中保持良好的礼仪。

如果他打算从椅子上爬下来，或者想要同坐在旁边的一对夫妇说话，你必须马上制止。也许你觉得他非常可爱、聪明，但是就餐的同伴并不一定赞同你的看法。如果孩子已经就餐完毕，想在座位周围转转，你必须向他解释：餐厅里面并不允许跑动。如果他不能安静地坐着，你们当中的一位可以带他到外面散散步。如果那样仍旧无法让孩子保持安静，你只能将剩下的食物打包带回家，以防孩子变得越来越不耐烦，影响餐厅里面的其他人。

如果你带着小孩子外出就餐，必须明白如何保持孩子的礼仪才是首要的事情，这并不是和伴侣享受轻松就餐的时刻，除非你请个保姆一起外出。

温馨提示：
□ 要使孩子在餐厅就餐时保持良好的礼貌，平时在家里就要严格训练他们的餐桌行为，并练习一些常见的就餐礼仪。

第二十八章

校园礼仪

Campus etiquette

出入校门要下车

通常在学校对内的守则或对外的"友情提示"中都会有这么一条：出入校门请下车。首先，出入校门不下车必然违背了相关规定；其次，骑车或开车出入校门时不采取"低调"姿态，很可能会造成对别人的妨碍甚至引起车祸；再次，出入校门不下车，给人以趾高气扬、过分张扬的印象。如果你的身份是前来参观访问的客人，出入校门不下车更会给自己所代表的单位带来不良影响。

温馨提示：
- 骑自行车进出校门的时候，应下车推着进出。
- 开机动车、电动车、汽车等进出校门时，必须减速并注意避让和暂停。
- 结伴骑车进出校门时，应避免并排走在门内。

对学生的简单问题也要耐心解答

为人师表，传道、授业、解惑，难免遇到学生询问些自己觉得过于简单的问题。这时候如果你对其表示不屑一顾，可就大大地伤了学生的自尊心。

对学生的简单问题不屑一顾，第一会打击学生学习、求知的积极性，导致其信心受挫；第二会给学生留下凶恶、不耐烦、没有爱心的印象，其他教师看到了，会觉得你对工作不负责、缺乏敬业精神；第三是对你自己形象的贬低。

温馨提示：
□对学生的任何问题，教师都应该认真解答。
□解答学生的问题时，教师的态度应热情，话语应尽可能地浅显易懂。
□对学生提出的简单问题，教师不应冷语相加。

平等地对待所有的学生

在任何学校，老师偏向好学生都不是新鲜事。如果将这种做法与礼仪错误挂钩，你一定会提出异议。

好学生迟到、作弊却不受罚；好学生与坏学生打架，教师却只惩罚坏学生；好学生演讲能力不如某坏学生，却顺利取得参加演讲比赛决赛的机会……不要以为这样偏袒好学生会促进对方更加进步。偏袒好学生，第一会使其他学生感到不公平，对教师产生不信任感甚至抵触情绪；第二会让好学生产生侥幸和骄傲心理，甚至歧视普通学生，这样更不利于所有学生的发展。

温馨提示：
□教师应对所有的学生一视同仁。
□对待成绩好的学生，教师应本着公平、客观的原则进行教育。
□当成绩好的学生犯错时，教师不应偏袒对方。

误解学生后要道歉、解释

教师教学任务重,也可谓是"日理万机",匆忙之中和情急之下有时候难免会误解学生。如果不道歉、不解释,这就是教师的不对了。

本来是甲犯了错,你却误以为是乙犯错,予以严厉批评;学生出于好心,你却误认为顽劣,对其冷眼相待;学生已经尽力,你却认为他偷懒,并给予处罚。误解学生而不道歉、不作解释,必然会使学生蒙受委屈,如果学生想不开,甚至会造成不必要的伤害。对于其他学生而言,你的做法会让你失去学生们的信任和喜爱。

温馨提示:
□ 无论出于什么原因误解了学生,都应及时向其道歉。
□ 批评学生之前,应先看自己是否有误。
□ 有必要的话,教师应在全体学生面前对自己误解的学生进行澄清。

热情回应学生的问候

教师在校园里遇上学生,或者在大街上、商场里等等地方与学生相遇,如果对学生的问候不作回应,这样的教师必定不是学生心目中的好老师。

不回应学生的问候,会给人以摆架子、故意与学生拉开距离的印象。如果教师面对学生的问候表情冷淡甚至略带嘲讽,学生会觉得教师对自己有成见;如果学生恰好是大家眼中的"坏学生",教师的不予理睬会对学生造成伤害。

温馨提示：
□ 学生问候自己，应及时回应。
□ 回应学生的问候时，态度要和蔼、礼貌。
□ 回应学生时，应看着对方的眼睛。

懂得赞美学生

老师不懂得赞美学生是不称职的。

对优秀学生从不赞美，对方会觉得压力过大，甚至对自己的优秀产生怀疑和焦虑；对不求上进的学生从不赞美，对方会觉得自己无可救药，甚至丧失上进的信心和兴趣；对普通的"中间型"学生缺少赞美，对方会觉得自己缺少希望。赞美是美德，没有赞美，学生就不容易发现自己。

温馨提示：
□ 作为教师，应及时发现学生身上的优点和闪光点并及时予以表扬和鼓励。
□ 教师赞美学生要发自内心并实事求是。
□ 教师赞美学生应避免过多、过滥。

尊重其他同事

学校是社会的一部分，因此和其他职场类似，教师之间能力有大小，职称有高低，受欢迎程度有不同，各种差异是难免存在的。不尊重其他同事的现象，当然不少见。

教学能力突出的年轻主力不尊重同事，会被认为是年轻气傲；资格老的教师不尊重同事，会被认为是倚老卖老；水平一般的教师不尊重同事，会被认为是嫉妒心理的体现；男教师不尊重女性同事，会被认为是性别歧视。

即使无意在言行举止上表露了不敬，也是与教师为人师表的职业形象大相径庭的。

温馨提示：
☐ 教师应对同事采取热情友好的态度。
☐ 对待年长的教师应予以更多的尊重。
☐ 同事之间产生矛盾时，应礼貌地妥善解决。

与学生交流要实事求是

讲课时提问，做出高深莫测的样子；回答学生的问题时，做出高高在上的样子；课下遇到学生，做出无所不知的样子；动不动就拿"我教了这么多年能不知道吗""我是老师我自然是对的"等等话语搪塞学生。这样的行为俗称"倚老卖老"，是容易遭人耻笑的。

与学生交流时倚老卖老，如果你明明不知道答案而硬装，你会失去在学生心目中的"高大"形象；如果这种场景被其他老师看到，对方也会从此轻视你——因为你虚伪。

温馨提示：
☐ 与学生交流时，应避免卖弄学识。
☐ 与学生交流时，应避免以自己的身份专断行事。
☐ 与学生交流时，不要不懂装懂。

见到老师要打招呼

作为学生，见到老师不打招呼不应该。

遇到老师不打招呼，一方面会被认为是故意躲避、赌气或胆小、害怕老师，另一方面会使他人觉得这对师生之间有矛盾。如果老师面带微笑地迎向学生，学生却马上别过头去并加快脚步远离，换作任何其他身份的熟人都会被这样的反应"打击一下"。

温馨提示：
▫在校园里或其他公共场合遇到老师应该礼貌地打招呼。
▫如果距离老师很远，并且对方没有看到自己，可以不打招呼。
▫当老师正在与别人交谈或正在繁忙地处理事务时，可以不打招呼。

不是自己的老师也要打招呼

对于从未见过的人，就算他的职业是教师，我们不与对方打招呼无可厚非。但如果对方是自己学校的老师，只是没教过自己，比如隔壁班的老师、高年级或低年级的老师等，不打招呼就显得不礼貌。

遇到自己熟悉的、不是自己的老师，最起码应该对他致以问候。如果对方恰好也对你眼熟，你的冷漠就会给对方留下心胸狭窄、目光短浅的印象。因此，遇到不是自己的老师仍不要视而不见。

温馨提示：
▫遇到自己熟悉的外班老师，应礼貌问候对方，尤其是相遇地点在校园内时。
▫如果对方步履匆匆，且明显没有寒暄的表示，可以不打招呼。
▫在狭窄的通道遇到自己学校陌生的教师，应礼貌地问候并为其让路。

进出老师办公室要有礼貌

进出老师办公室对每个学生而言都是经常做的事,但同时很多人都没注意过自己进出老师办公室时的表现。这是不应该的。大步流星地进出老师办公室,脚步匆忙,一进门还带进两脚泥,显然会惊扰老师,并污染办公室的地板;进门不吭声,出门也不吭声,这是对老师心存不满的表现;进门后"哐当"一下摔门,出门时"哐当"一下带门,别人会以为你进办公室是为吵架来的。

进出老师办公室时不注意自己的言行举止,怎能充分表达对老师的尊重呢?

温馨提示:
□ 进入老师办公室时应先敲门、打报告,出门时应道"再见"并随手关门。
□ 进出老师办公室时开门关门动作要轻。
□ 进出老师办公室时脚步要轻而稳。

尊重实习老师

不少学生会对实习老师做出种种不敬之举:上课前,在讲台桌斗或桌面上放几条虫子;上课时,故意提出刁钻问题;下课时,躲在实习老师身后突然发出几声怪叫……这些行为是不礼貌的。

对实习老师不恭,首先会影响教学效果,破坏师生关系;其次,容易给实习老师留下不好的印象,也给其他同学留下欺软怕硬、爱搞恶作剧的负面印象;第三,如果言语过分,会伤害实习老师的自尊心,使对方难堪。

温馨提示:
□ 实习老师同样是老师,理应受到学生们的尊重和配合。
□ 实习老师经验不足,学生遇到对方的失误时应予以谅解。
□ 实习老师心态年轻,学生应主动、积极地与其交流。

不可当众顶撞师长

当众顶撞师长，即使你很有道理，这样的举动也是错误的。

当众顶撞师长，一方面说明你不尊重老师，有挑衅、示威之嫌；一方面给别人留下"刺头"的印象，可能会导致别人疏远你。当众顶撞师长容易产生不良影响，树立反面榜样。如果你是学生干部，这样做会影响你的威信和良好形象，也容易使你失去师生的信任和好感。当众顶撞师长说明你性子急、暴躁，自制力欠佳，爱出风头。如果你言辞激烈到让双方难以收场，你无疑是在演闹剧和丑剧给别人看。

温馨提示：
☐ 自己对老师不满时，可私下约时间交谈、沟通。
☐ 自己受到师长批评时，态度应谦恭。
☐ 师长说错话时，应控制自己的情绪。

不在背后议论老师私事

哪位老师评优了，哪位老师怀孕了，哪位老师家中亲人去世了，哪位老师和校长吵架了……背后议论老师私事的学生大有人在，然而这么做是错的。

背后议论老师私事，有栽赃、诽谤的嫌疑，如果传开了，不仅影响老师的形象，也影响自己的形象；背后议论老师私事，给人以"不务正业"之感，如果恰好被你所议论的老师听到，对方一定会很不愉快。此外，背后议论老师私事，还容易造成不良风气。

温馨提示：
☐ 不要养成打听老师私事的习惯。
☐ 道听途说的事情不要说，自己不清楚的事情不要传播。

□如果获悉老师的私事,不要主动向外传播。

不可在课堂上起哄

上课时老师读错了一个字,学生立刻在讲台下哄笑;老师的讲解有些枯燥,个别学生便相互做出怪相,引逗其他同学发笑。这种在课堂上起哄的表现是不礼貌的。

在课堂上起哄,第一会严重扰乱课堂秩序,影响讲课和听课效果;第二会干扰老师情绪,打乱其教学思路;第三会浪费大家的时间,且不利于自己塑造一个良好的形象。在课堂上起哄,短时间可以制造笑料,但这种无聊的行为是会招人厌恶的。

温馨提示:
□在课堂上,学生应专心听课。
□上课时,学生应积极思考,从自身做起维护课堂秩序。
□学生应对老师怀有尊敬之心。

不可偷看同学的信件、日记

偷看同学的信件、日记是不礼貌的行为,也是不尊重他人的表现。

偷看了同学的信件或日记,如果对方与你关系一般,你就不太可能有机会得到他的信任并成为对方的朋友了;如果对方与你关系很近,你就很可能立刻失去对方的信任,从此被他从友人的名单中删除。如果对方信件或日记中记的是流水账,他会认为你太无聊、太好奇;如果对方信件或日记中记录了不愿外传的秘密,你的做法会让对方感到愤怒和委屈,甚至因此而对你做出过激行为。

温馨提示：
□ 应避免对同学的信件或日记产生好奇心。
□ 同学不在场时不要翻看对方的任何私人物品。
□ 同学不在场时你可以离开以避嫌疑。

男女生交往要得宜

男生女生是校园的两道风景，如果双方交往不当就会煞风景。

男生女生交往过密，无所顾忌地打闹、嬉笑，会给人以疯癫之感，男生会缺乏绅士风度，女生会半点淑女相也没有。男女生私人交往过密，会引人侧目与猜疑，说不定大家会把你们划入早恋的行列；男女生互不沟通，见面就脸红，或者见面就红眼，这是过于疏远的表现，显得歧视异性或惧怕异性，同样会让人觉得怪异。

社交法则中强调人人平等，男女生交往不当，在外人看来，是学校教育的失败；从交际的角度来看，是个人交际能力的欠缺和对交往礼仪的误解。

温馨提示：
□ 男女生交往应言语得当、举止有度。
□ 男女同学应避免借性别优势欺负异性。
□ 男女同学应避免用猜疑的眼光看异性同学。

严禁撕毁、涂改学校的公告

撕毁或涂改学校的公告容易造成信息丢失或错误，从而导致一些重要通知无法及时正确地传达给有关人员；撕毁或涂改学校公告，是对学校公告制定者和张贴者、发布者的不尊重，是损害其劳动成果的表现；撕毁或涂改学校公告，你可能会被视为捣乱分子或对学校有强烈的不满。

如果是为了张扬个性，采取撕毁、涂改学校的公告的方法只会引来大家的耻笑；如果被有关人员抓个正着，你受批评和处分是必然的事。

温馨提示：
□ 对学校的公告应本着尊重的态度看待。
□ 如果对学校的通知或布告上的信息有怀疑或不满，应采用与制定者沟通的途径解决。
□ 未经同意，不应覆盖张贴好的公告。

不在教学区、宿舍区打球

在教学区、宿舍区打球不是不可以，只是不应该打扰到别人的作息。

教学区是学生上课、老师工作的地方，而宿舍区是师生们休息的地方。别人上课的时候你在教学区打球，会影响教学效果；别人休息的时间你在宿舍区打球，会影响别人的休息。在不适当的场所做事，即使你做得再好，也是对其他人的打扰。

因此，在教学区、宿舍区做其他剧烈运动或吵闹，也是错误的行为。

温馨提示：
□ 打球时应选择专门的活动区，避免打扰正常的师生作息。
□ 打球应避开别人休息和工作时间。
□ 打球时应避免大喊大叫或时间过长。

不可乱倒剩饭剩菜

把剩饭剩菜丢在餐桌上、胡乱扔在地上等等,只要是将其倒在不该倒的地方,就是错误的。

乱倒剩饭剩菜,必然会与浪费联系到一起;乱倒剩饭剩菜,难免给人以视觉和味觉上的不愉快;乱倒剩饭剩菜,还容易给别人留下没有教养、素质低下的印象。如果你衣冠楚楚,这种行为更会使你的形象在别人眼中大打折扣。

在公共场合做事,如果不考虑到公共环境的整洁,不考虑到别人的心情,显然是缺乏公德的表现。

温馨提示:
□ 剩饭剩菜应倒入指定的垃圾箱或垃圾桶。
□ 打饭时应避免过量。
□ 在餐厅吃饭时应尽量避免浪费饭菜。

住集体宿舍要遵守作息时间

住集体宿舍是很多中学生以及大学生的必然经历,住宿期间如果不注意协调,就会打扰别人的作息。

别人午睡的时间,你在宿舍里边哼唱边卖力地洗洗涮涮,别人一定难以入睡或者被你惊醒;有人在宿舍里复习功课,你说笑打闹,对方一定难以安心学习;宿舍里本来就拥挤,周末时你还特意带朋友过来住,你的舍友们必然会觉得不太自在。

温馨提示：
□ 住集体宿舍时应考虑到大家的作息时间。
□ 住集体宿舍时应避免在别人休息的时候开灯、制造响声。
□ 住集体宿舍时应避免在别人休息时带外人进入。

离开寝室、教室前要关灯上锁

离开寝室或教室前不关灯、不上锁是错误的行为。

不关灯、不上锁就离开寝室或教室，第一是浪费电、制造安全隐患，因为你无法保证寝室或教室的物品不会丢失。第二，这样做显示出你缺乏集体观念，做事不认真、不负责，生性急躁。如果你是班干部，相信大家会对你的行为表示出更强烈的不满。第三，这样做容易引起别人的误解，以为室内还有人停留，因而致使这种现象持续下去。这样做对于集体和你个人都是无益的。

温馨提示：
□ 离开寝室或教室时应关灯、上锁。
□ 最后一个离开寝室或教室的人应关灯、上锁后再检查一下安全性。
□ 离开寝室、教室前应确定室内一切设施都在安全状态。

进实验室要遵守规定

进实验室不遵守规定绝对是错误的。

进实验室不按规定程序和剂量取用实验药品，容易造成误取或浪费，导致实验失败或不圆满。如果你取用的是危险性药品，可能会导致意外事故。不按规定有秩序地做实验、进行观察、听从讲解，可能会造成实验效果不如人意，影响其他同学观察和学习。不按规定随便用手接触实验用具，可能会造器皿损坏或丢失，给实验室造成损失，同时也给你带来不必要的麻烦。不按规定操作本身就是破坏纪律的行为，如果你在别人的善意提醒下依然故我，会让你显得目无集体、任性、不专心、不尊重别人。

温馨提示：
□ 进实验室一定要按照规定做事。
□ 进实验室时不要碰触禁止接触的实验用品。
□ 进实验室应避免未经允许而单独行动。

在图书馆看完书要归位

在图书馆里，从历史类书架上抽的书，看完后放到法律类书架上；从美术类书架上抽取的书，看完后放到科技类书架上；看完书后不放回任何架子上，而是随手丢在椅子、窗台上等不适合藏书的地方……你这样把书籍的类别混淆、随意给它们搬家，只能给别人带来麻烦。

胡乱给书归位，容易给别人找书增添困难，浪费别人的时间；随意放置书籍，容易使其因为得不到保护而被意外损毁；到处乱放书籍，会造成书架混乱，不整齐、不美观，也给工作人员增加了工作量。

温馨提示：
□ 在图书馆看完书，一定要将书放回到原位。
□ 在图书馆看完书，一定要尽量按照最初的位置摆放书籍。
□ 在图书馆看到被放错位置的书籍，应主动将其归位。

积极参加集体活动

不积极参加校园集体活动是不应该的。

举行联欢会时,明明很善于表演却死活不肯出节目,别人会觉得你做作;举行足球比赛时,有意无意地拖自己球队的后腿,别人会觉得你吃里爬外;开展墙报设计活动时,有很好的创意而不肯贡献,别人会觉得你心胸狭窄。不积极参加集体活动,会使人觉得你缺少合作精神,甚至排斥与别人交往、看不起大家,从而让人误解和疏远。

温馨提示:
□ 除非有特殊原因,否则不应拒绝参加集体活动。
□ 参加集体活动时,态度应积极、踊跃。
□ 在集体活动中自己有能力上场时,不应退缩。

参加升旗仪式要严肃

参加升旗仪式时不严肃,这是必须改正的错误。

参加升旗仪式时与前后左右的同学小声聊天、打闹;别人站好队后自己在队伍里故意偏离方向;国旗上升的时候自己歪斜着站立,目光在人群中四处瞟;别人发表国旗下的讲话时自己偷偷玩弄小玩具,与别人交换位置……诸如此类的行为都是对国旗不敬的表现。此外,参加升旗仪式时不严肃是违反纪律的表现,你不仅影响别人、破坏自己所在班级的秩序和气氛,也给自己贴上了顽劣和不爱国的标签。

温馨提示:
□ 参加升旗仪式时应端庄站立。
□ 参加升旗仪式时应保证现场的安静。
□ 参加升旗仪式时态度要端正,注意力要集中。

第二十九章

出行与游览礼仪

Travel and visit the etiquette

不可在景点刻字留名

有的人造访某处景点，尤其是前往自己一生可能只去一次的地方时，往往要留下"某某到此一游"之类的字迹，有的甚至用喷漆喷涂各种字迹。这是不礼貌的。

在景点刻字留名，会损坏建筑或景观的完整原貌，这不仅谈不上美观，更会对景观造成难以修复的伤害。如果你刻字的对象是重点保护的文物，你的做法简直就是对历史的亵渎。在景点刻字留名可能会给自己留下永久性的骂名，任何游客来到你留名的景点，都会知道你参与了违规的破坏行动。如果留下籍贯，你家乡的人们将被一并唾骂；出国旅游这么做，等于给国人丢脸。

温馨提示：
□ 参观任何景点都不应在所到之处刻字留名。
□ 如果景点有允许刻字的服务，应该在指定区域或媒介上刻写。
□ 参观游览时应避免乱碰建筑或设施。

自觉排队

买车票时,在超市购物付款时,在医院排队挂号时,别人都在焦急等待冗长的队伍慢慢变短,你却公然加塞。这种蛮横、不讲理的做法是无法让人服气的。

排队加塞也许是因为事情紧急,但无论如何,这都是令人难以接受的。这种行为破坏了正常的秩序,侵犯了他人的权利,在排队的高峰期,尤其容易引起众怒。如果你的理由是身份地位不一般,别人会对你的狂妄自大产生强烈反感;如果你的理由是帮助尊贵客人尽快解决问题,你的客人会因为众人的侧目而感到难堪;如果你在严守公共秩序的同伴面前加塞,对方可能因此不再信任你、尊重你。

温馨提示:
☐ 排队时应按照先后顺序进行排列。
☐ 排队时应按照规定站在指定区域。
☐ 排队时应礼貌对待前后左右的人,防止冲撞。

公交车上应主动让座

乘公交车时不要不懂得让座。

乘公交车时,如果车上人少,你坐在老幼病残孕专座上没问题,任何人都不会对你侧目;但如果车上人多,而又有年老体弱的人在场,不让座就会显得太麻木。年轻人不给老年人和小孩让座,是不懂得尊老爱幼的表现;健康人不为残疾、虚弱的人让座,是不懂得关心弱者的表现;男性不为孕妇让座,是不尊重女性的表现。公交车上不让座,是自私、冷漠的表现。

第二十九章　出行与游览礼仪 |223

温馨提示：
☐ 乘坐公交车时应主动给老人、儿童、孕妇、病弱人士让座。
☐ 在公交车上让座时态度应礼貌。
☐ 别人向你致谢时应给予回应。

不在有人游泳的水域跳水

在游泳池或可以游泳的河湖水域，有意无意地在旁边有人游泳的地方跳水，这是会引出麻烦的。

在有人游泳的水域跳水，第一会打扰到正在游泳的人，影响对方的心情，甚至使其受到惊吓。第二，在有人游泳的水域跳水可能会造成意外伤害，这样的话，可不是用一句"开玩笑"的解释就能够解决的。

在有人游泳的水域跳水，会给人一种只顾自己开心、不管他人感受的印象。在公共场所打扰到他人是不礼貌的。

温馨提示：
☐ 跳水前，应先确定附近没有人正在游泳。
☐ 跳水时，应提前告诉距离自己不远的人。
☐ 跳水不小心妨碍到他人时，应及时道歉。

使用公共游乐设施要照顾别人

公园、游乐场里，供多人同时使用或集体合作使用的游乐设施随处可见。既然是公用的，就不要不考虑他人的意愿。

坐碰碰车时不停冲撞，想撞谁就撞谁，不顾他人的感受，别人必定会觉得你太莽撞；坐跷跷板时擅自离开座位，导致同伴突然落地，对方必定会为你的恶作剧而生气；坐人工推动的旋转木马时擅自加速或改换方向，其他乘客有可能会被你转得头昏脑涨。

　　使用公共游乐设施而不照顾他人容易引发矛盾，破坏大家的心情和友好关系，还可能造成意外事故。这是自私的表现，也是不礼貌的行为。

温馨提示：
☐ 使用公共游乐设施时，应避免一人独享。
☐ 使用公共游乐设施时，应照顾比较弱小的人。
☐ 使用公共游乐设施时如果涉及速度问题，应与同时使用的其他人协商。

试衣时应注意不要弄脏衣服

　　买衣前试衣是天经地义的，但试衣时弄脏衣服就不是你应该做的事了。

　　试衣服前刚吃完烤肉串，双手不擦就试衣，难免使衣服粘上油污；试衣时如果不注意分寸，穿套头衣服就容易使衣服沾染上你脸上的化妆品；刚出了一身大汗，就马上进店试衣，试完后衣服上说不定已经浸染了汗液和汗臭。试衣时弄脏衣服，既是对衣服的不爱护，又是对售货员的不尊重甚至刁难。

　　如果你是售货员，看到衣服被顾客污染，恐怕很难心平气和。不要因为衣服不是自己的就不注意自己的形象，以至于给别人留下一个自私、品质低劣的印象。

温馨提示：
☐ 试衣服时，应避免让自己的汗液、化妆品等沾染衣服。
☐ 试衣服前，最好保证自己的身体是清洁的，女性最好事先擦掉唇膏和睫毛膏。
☐ 试衣服时，应避免在衣服上留下手印、灰尘等。

住旅店不可大肆浪费

外出旅行、出差时，住旅店最平常不过。然而，有许多人却在住店期间丢了自己的脸面，因为他大肆浪费。

住店期间极尽所能浪费水资源和电源，即使暂时不在房间也开着灯，即使洗漱完毕也不及时关水龙头；住店期间狂打房间内的免费电话，乱拨电话号码找人聊天；除了房间里配备的免费用品，额外再向服务员索要并迅速用光……这种行为让人联想到暴发户，给人以小人得志的印象。设想你因为业务关系与外地客人同住旅店，你的浪费难免会让对方怀疑你待人处事的能力和信用。

温馨提示：
□ 住宿旅店时，对于免费提供的洗漱用品不要刻意浪费。
□ 住宿旅店时，不要浪费水。
□ 住宿旅店时，不要滥用电器，也不要长时间开灯或将全部灯具都打开。

禁用旅店的毛巾擦皮鞋

用旅店的毛巾擦鞋是恶劣的行为。

用旅店的毛巾擦皮鞋，必定会让尘土、鞋油等污垢沾染到毛巾上，给别人的健康带来隐患。即使你擦完后将毛巾洗净，这种行为也是缺乏修养、品质低下的表现，给人以粗俗不堪的印象是必然的。如果你的同伴看到你这样做，他下次一定不愿意再住旅店，因为没有人希望自己擦脸用的毛巾曾被别人擦鞋。

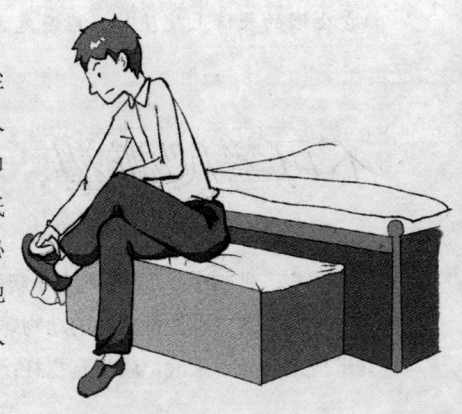

用旅店的床单擦鞋、用旅店的饮水杯刷牙、用果盘装烟灰等等诸如此类的行为也都是错误的。

温馨提示：
☐ 擦鞋时应使用专用的器具。
☐ 毛巾只能用来擦手、脸、身体，不应改作他用。
☐ 不要用旅店的毛巾擦桌椅或自己的皮包。

不可在公园的长椅上躺卧

行走累了，在公园的长椅上倒头便睡或者看书、看来往行人，也许你觉得这样做很舒服、很悠闲，实际上却已经违反了公共场所的礼仪。

在公园的长椅上躺卧，第一，有碍观瞻，你不雅的姿态会让人感到不快；第二，占据了有限的休息场所，给其他需要休息的游客带来不便；第三，你的姿态给公园风景抹上了不和谐的一笔，破坏了景观的优美。

温馨提示：
☐ 在公园休息时，应避免在长椅上躺卧，更不要长时间躺卧。
☐ 不要一个人休息时在长椅上放过多东西，以免影响他人休息。
☐ 在公园的长椅上就座时，应避免歪歪斜斜的不雅姿势。

不可攀爬雕塑、栏杆等禁攀设施

游览、观光时，一定要避免攀爬雕塑、栏杆等禁攀设施。

看到某景点有造型独特的动物雕塑，就攀爬上去拍照；为了抄近道或者显示自己的童心未泯，就攀爬栏杆；想表现自己的大胆，吸引众人眼球，攀爬高墙或陡峭的假山；因为好奇就冒着被罚款的危险攀爬受保护的文物，以便"一睹真容""一亲芳泽"。诸如此类的攀爬行为，绝对不是聪明、有个性的表现。

攀爬禁攀设施，一方面对自己和他人的安全造成隐患，一方面给你所攀爬的设施或文物造成安全隐患，此外还会干扰正常的游览秩序。

温馨提示：
□ 在任何景点都不应违规攀爬雕塑等设施。
□ 属于文物的雕塑等设施一定不能攀爬。
□ 有"危险"标志的装饰性建筑物一定不要攀爬。

携宠物出行要注意避免妨碍他人

城市居民们养宠物早已成风，闲暇之余带宠物遛弯更是司空见惯。携带宠物出门无可厚非，但使其骚扰到别人就值得商榷了。

带猫狗出行时不注意控制其情绪，任其对别人狂叫甚至抓咬，容易惊吓到别人或伤害别人；带宠物出行时不注意控制其大小便，不及时处理其大小便，甚至不予理睬，容易污染环境，影响别人的行走和心情；带宠物出行时不仔细看管，任其在人群中乱跑甚至跑上马路，容易阻碍交通，危及你宠物的生命。

温馨提示：
□ 带宠物出门时应防止它吠咬路人。
□ 带宠物出门时应妥善处理其粪便。
□ 带宠物出门时应避免让其亲近害怕动物的人。

在景点注意别妨碍他人拍照

外出时，我们经常能看到观光旅游的人们拿着相机到处取景。如果你妨碍了他人拍照，会是一件令对方很不愉快的事。

眼看别人正在拍摄景观，你偏要向他对准的地方走去；别人好不容易摆好了姿势，却被你的身影挡住；别人刚好举起相机，你从旁边经过时却撞了对方的身体。换作是你拍照，受到如此打扰你一定也会郁闷。

在景点妨碍他人拍照显得缺乏公德心，不懂得照顾别人的感受，不懂得礼让，还容易给人以故意捣乱之嫌。

温馨提示：
□ 在景点游览时，应避免向有人正在拍照的地方走。
□ 如果有人请你帮忙拍照，不应断然拒绝。
□ 不要刻意走进正在拍照的镜头中。

乘船时晚上慎用手电筒

乘船时晚上用手电筒四处乱照，透过窗户甚至在船舷上到处照，是错误的做法。

乘船时晚上乱用手电筒，容易影响别人休息和引起他人的误解，认为你在偷窥或故意捣乱。晚上的灯光容易使其他船只认为是专业信号，因而对此做出的回应难免要干扰到本船和对方船只的正常工作。

温馨提示：
□ 乘船时，晚上应避免长时间用手电筒。
□ 乘船期间使用手电筒时，应避免无意识地四处摇晃。
□ 乘船期间使用手电筒时，应避免向船外远处投射光源。

野餐完毕后要清理场地

野餐完毕后，不要任杂乱的场地保持原样。

如果野餐完毕后，烧烤过的柴草、吃剩的骨头、废弃的饭盒、矿泉水瓶、脏污的织锦等等所有的垃圾都保持原样，你这样做难道是为了让别人看到此景时想象你野餐时的快乐吗？这样做的结果必然是对环境造成污染，同时给其他游人带来不好的印象，还可能给一些人树立了野餐后不收拾残局的榜样。不能让所到之处保持它原有的清洁、美丽，这不是爱环境和懂礼仪的人做出的事情。

温馨提示：
□ 野餐完毕后，应将所有的垃圾清理并带出野餐场地。
□ 野餐完毕后，应尽量将现场的灰烬处理掉。
□ 野餐时，尽量不要破坏现场的原貌。

使用公共卫生间要冲马桶

在商场、车站、餐厅等公共场所使用公共卫生间后不冲马桶，这样的行为格外让人反感。

使用公共卫生间不冲马桶，第一，会严重影响卫生间的清洁，增加恶劣气味的浓重程度；第二，会给管理人员增添负担；第三，会令后来使用的客人对当地的公民素质产生怀疑和贬低心理。如果外宾使用这样的卫生间，你能保证他会对我们的国家有好印象吗？使用单位的公共卫生间不冲马桶也是不道德的。

温馨提示：
□ 使用公共卫生间时，应及时冲水。
□ 使用公共卫生间时，应避免将公用卫生纸拿走私用。
□ 使用公共卫生间时，应避免随处丢弃废纸、杂物。

第三十章

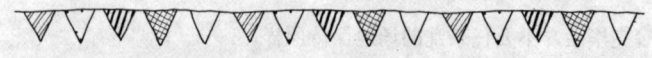

涉外涉教礼仪

Foreign related to teach manners

不可随意拍摄、录音

出国访问时，未经允许不能随便拍摄、录音。

在国外的博物馆、科学实验室、工厂、公司等任何地方随便拍照、录像、录音，都可能涉及知识产权问题，对方可能会认为你在窃取宝贵信息。未经允许随便拍摄国外的居民，无论是工作人员还是女性、孩子，都有可能触犯当地的宗教习俗和民间的道德规范，从而引起误解和矛盾。

温馨提示：
☐ 在有禁止拍摄标志的地方不要随意拍摄、录音。
☐ 拍摄前应礼貌地咨询工作人员或拍摄对象。
☐ 拍摄而遭遇制止时应立刻停止行动。

出境接受服务要付小费

在国内,接受服务付小费似乎很鲜见。但在国外小费通行的地区,接受服务而不付小费,多半是说不过去的。

接受服务而不付小费,一方面会被认为是你不满意对方的服务或者吝啬不肯付出,这样服务人员可能会降低服务水准;另一方面,不付小费会给人留下狡猾、挑衅的印象,有损我们的国格和人格。

温馨提示:
□ 出境接受服务时,应按照当地习俗酌情给服务人员小费。
□ 如果不熟悉所到国家和地区的消费习惯,应事先询问。
□ 付小费时,应尽量付所在国家的币种。

与外宾合作时要提供外语资料

与外宾合作而不提供外语资料,是很不得体的做法。

与外商洽谈合作事宜而不提供对方国家的语言和文字资料,有欺生的嫌疑;与国外学者共同研究文化课题而不提供外语资料,有不专业、不坦诚的嫌疑;与外宾合作进行科研项目而不提供外语资料,双方展开合作与交流容易出现很多分歧和误解。是否提供对方国家语种的外语资料,体现着一个人对待外国人是否有基本的尊重和合作精神。

即使外宾通晓中文,也不能不准备外语资料。

温馨提示:
□ 与外宾合作时,应提前准备对方所在国家语言的文字和语音资料。
□ 与外宾合作时,应尽可能地配备翻译人员。
□ 与外宾合作时,应以对方国家的语言向对方进行详细的自我介绍。

面对外宾恭敬有度

待客应该热情而尊敬,但恭敬过度却会招来别人的不尊敬,这是有违礼仪常识的做法。

见了外宾就像见了威严的长辈,唯唯诺诺,低着头,动不动就鞠躬;本该是商量事情,却做出一副唯命是从的样子;按照普通规格接待对方即可,却硬要超出相应规格两三倍来接待。面对外宾恭敬过头,一方面会让对方感到不适应、不自然;一方面会让对方觉得中国人个性懦弱,从而有损于中国人的形象。

温馨提示:
□ 面对外宾应避免低声下气。
□ 与外宾相处时应避免处处谦虚、贬低自我。
□ 面对外宾应避免过度的点头哈腰的动作和姿态。

不可随便抚摸外国小孩的头顶

中国人看到陌生人的可爱孩子,会情不自禁地上前抚摸孩子的头顶以示喜爱,孩子的父母通常在此时也会露出得意的表情予以配合。但这种做法不适用于外国人。

有些国家认为小孩是不可侵犯的,抚摸头顶意味着侮辱;有的国家将抚摸孩子的头视为诅咒,最轻的也会视为冒犯。

遇到外宾时,就算他们的孩子可爱至极,也不要不假思索地上前就摸脑袋。

温馨提示：
□ 不要随便抚摸外国小孩的头顶。
□ 不要随便拥抱和亲吻外国小孩。
□ 不要随便盯着外国小孩看，无论你是喜欢他还是讨厌他。

接待外宾时要平等对待

在公务或私人的涉外交往中，对待外宾的态度不均等是错误的。

同时接待美国和日本客人时，对待日本客人态度相对冷淡，对方会认为你对日本有仇恨或鄙视情绪；同时接待白人外宾和黑人外宾时，对待黑人外宾敷衍塞责，而对白人外宾关怀备至，对方会认为你对黑人怀有蔑视心理；同时接待几个国籍相同的外宾，对长相漂亮、衣着光鲜的外宾殷勤热情，而对相貌一般、衣着普通的外宾淡漠待之，对方会认为你浅薄、庸俗。更重要的是，外宾的所有误解都不会是针对你一个人，而是针对我们整个国家。

温馨提示：
□ 接待外宾时无论对方与我国的政治关系如何，都应礼貌相待。
□ 在民间交往中接待外宾时，不应凭个人好恶区别对待。
□ 接待外宾时如果场合是外交仪式，可按照国家关系予以适当区别。

接待外宾时不可滥用人情

接待外宾时滥用人情是不合礼仪的。

陪同外宾游览参观时，利用熟人搞来特价票甚至免票，带对方参观禁止游人进入的场所；在商务交往中利用自己的关系请政府机关在相应法定程序上"放一马"；在需要排队办理的事务上托关系抢先……也许你会觉得在外宾面前展示了自己的神通广大,并最大限度地为外宾提供了方便。但实际上,外宾会为法律和规则在你面前变得"无能为力"而感到吃惊和厌恶;对方会为你为他带来的特权感到惭愧,对你的人品和能力产生怀疑,同时也会对我们国家的法律产生怀疑。

温馨提示:
☐ 无论是公务交往还是私人交往,接待外宾时都应依法办事。
☐ 在公务和商务交往中,尤其不能行使职权之便。
☐ 在涉外交往中如果外宾触犯法律,不应睁一只眼闭一只眼。

与外国人交谈不问年龄和收入

与外国人交谈时不能按照中国人的习惯随便发问。

与外国人交谈时问年轻或年长女性"芳龄几何",对方会怀疑你嘲笑她显老;询问外国人是否有男女朋友、是否结婚、是否有孩子,对方会认为你干涉隐私;询问对方身体可好,对方会觉得你暗示他身体不健康;询问外国人月收入多少、年收入多少,对方同样会很反感你刺探隐私而不愿与你交谈。

温馨提示:
☐ 与外国人交谈时可向其询问他家乡的特色和文化。
☐ 与外国人初次交谈时可与对方谈论天气和体育项目。
☐ 与外国人交谈时可询问对方的爱好和特长等。

第三十一章

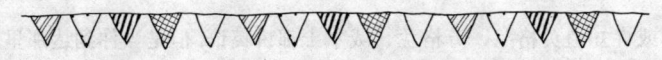

世界各地的礼仪

Etiquette all over the world

不要在加拿大人面前说他们与美国很相似

加拿大和美国在日常生活方面非常相似，他们也靠马路右边行车，向美国出口大量的商品，最为重要的是除了魁北克省（母语是法语）外加拿大和美国使用的是相同的语言。

尽管有这些相似性，加拿大和美国毕竟还是两个不同的国家，加拿大人最不希望听到说他们和美国是如何相似的话了。由于和美国领土相近，他们有部分相同的文化，但是加拿大人为自己的文化遗产骄傲。从某种意义上来讲，加拿大大陆并不是起源于美国，因此他们的日常交流要比美国稍微正式一些，但是相对英国而言，则显得较为随意。

温馨提示：

□ 加拿大人最忌讳别人说自己的国家与美国很相似，这可能是出于一种强烈的民族自尊心，所以与加拿大人交谈时，不要将加拿大与美国作比较。

注意英美词汇意义的差异

你或许知道英格兰、苏格兰、威尔士都讲英语,但是当你到达那里后,可能会发现有些话语和你想象的意思完全相反。下面是一些美国人常用的词汇,但是在英国具有不同的意思。

在美国,苦工(fag)是对同性恋贬义的称呼;而在英国是指香烟。

在英格兰,游民(bum)是指某人的后方。

在英格兰,靴子(boot)并不是指穿在脚上的鞋子,而是指车厢。

在美国,句号是一件事情中止的标志;而在大不列颠,句号则是在句子结束后停顿的时间。

在美国你把东西存储在bin(箱柜)里面,而在大不列颠,bin是垃圾桶的意思。

温馨提示:

☐ 苏格兰(Scotch)是一种酒的品牌,并不是指苏格兰人。他是一个苏格兰人(Scot),遵从苏格兰人(scottish)的风俗习惯。错误地使用单词"Scot",最终可能会得到一个格拉斯哥式的吻(重重地敲击头部)。

在英国要学会喝下午茶

在美国下午4点左右,大部分人已经准备下班回家吃饭了。但在大不列颠则还是下午茶时间。所谓下午茶就是安排在午饭和晚饭之间,主要给人们补充热量,调节精神。晚餐一般在下午茶后几个小时进行。

不要期待在大不列颠茶馆看到美国茶包或任何花茶。在大不列颠,茶的口味一般比较浓重。按照当地习俗,茶一般和烤饼、小三明治一起食用。在英国喝茶时,你当然可以在茶里添加任何东西,包括柠檬和糖。然而,如果你想向别人表明你了解大不列颠人喝茶的习惯,那么只能在里面加牛奶。

温馨提示：
☐ 入乡随俗，不同的国家有不同的习俗，要想在最短的时间内融入一个国家的文化，就必须了解它的习俗。

适应欧洲人的饮食习惯

美国和欧洲最大的不同是饮食习惯。欧洲国家早餐和午餐的时间和美国差别并不大，但是晚餐时间则相去甚远。

欧洲人不会在晚上8点之前吃饭，晚饭可能会持续到晚上10点。正因为如此，英国有下午茶时间，当然你可能会发现其他欧洲国家也有下午茶。如果你下午没有吃点东西，在晚餐时间到来之前你可能已经饿得筋疲力尽了。

另外一个不同的地方是饮料的温度。美国人比较习惯冰饮料而欧洲人并不习惯。不要期待在苏打水或者啤酒里面能够加上冰块。几乎所有的欧洲酒吧提供的饮料温度都在室温左右。

记住欧洲是一个大陆，并不是某个国家。如果你知道某人来自一个具体的国家，不要简单地用欧洲人称呼他。你应该礼貌地按照具体的国家来称呼他，比如法国人或者瑞士人。

温馨提示：
☐ 算上下午茶，欧洲人实际上平均每天要进食4餐，并且晚餐与上床睡觉之间的时间很短，这样的生活习惯更容易导致发胖。所以，如果你要去欧洲生活一段时间，千万要注意节制饮食。

避免用不流利的法语与法国人交谈

在法国，除非法语非常流利，否则不要说法语。不像其他国家，市民们总是很欢迎你试图用当地的语言交流，法国人特别是巴黎人并没有那么好的耐性听你磕磕绊绊地把话说完。你也不要理所当然地认为餐馆的经营者能够讲英语。即使是能够讲流利英语的法国人，当你突然用英语和他说话时，可能也会一时反应不过来。

法国人的这种矛盾的特性，可能让你在语言的选择中感到非常困惑，不知道应该使用哪种语言。你最好试着先询问对方："Parlez vous Anglais？"（法语，意为"你会讲英文吗？"）或者直接用英语询问："你会讲英语吗？"

温馨提示：

□ 法国人在与人交谈上普遍没有耐心，如果你的法语不够流利，最好别向法国人问询，他们会置之不理地走开。

在德国称呼人要用正式称谓

虽然德国人对于外来的旅游者非常慷慨热情，但是还是会比较倾向于接受较正式的称谓。通常你不应该以名字称呼德国人，请在姓氏前加上herr（女士）和Frau（先生）等称谓。

温馨提示：

□ 德国人对工作一丝不苟，在社交场合也举止庄重，讲究风度，与德国人相处时，几乎见不到他们皱眉头等漫不经心的动作。大多数德国人都忌讳13和星期五。他们还忌讳在公共场所窃窃私语，不喜欢他人过问自己的私事。

在东欧和苏联国家要注意礼仪区别

20世纪90年代,柏林墙被推倒后,东欧和苏联发生了翻天覆地的变化,苏联解体成为一些独立的国家。尽管国家的名字和体制发生了很大的变化,但是一些旧的习惯和生活方式却保留了下来。在某些国家,比如俄罗斯和捷克斯洛伐克,人们刚开始看起来有一点冷淡,不要因此觉得受到了伤害。同样,在一些国家,像波兰和匈牙利,当人们给你一个拥抱,并且在你的两边脸颊上亲吻表示欢迎时,不要感到迷惑。接受主人的欢迎,听从他的引导。入乡随俗总不会有错。

喝酒和干杯敬酒是东欧和苏联国家社交活动中很重要的一部分。同样,听从主人的安排。在主人敬酒之后,你才能品酒,千万不要在主人敬酒之前喝酒。

这些国家的语言总是很难听懂,要学会更是困难,但是不同于西欧国家,如果你尝试使用当地的语言交流,即使只是说"谢谢、你好",居民也会对此感到非常开心。亲切和礼貌总是能够使事情变得非常美好。努力去讲一种外语,即使讲得并不是很好,也反映了你对当地文化和习俗的兴趣。

温馨提示:
□ 记住,俄罗斯人可能会举起任何酒干杯,但在波兰,你只能用伏特加酒干杯,而在匈牙利从来都不将杯子碰在一起庆祝。

在亚洲国家要注意红色和白色的特定含义

在亚洲,红色往往代表幸运。因此亚洲的新娘总是穿着红衣服而不是白衣服。白色通常象征着服丧和死亡。如果你想给亚洲人准备一份礼物,最好选择一些深红色的物品。

温馨提示：
- 泰国人喜爱红、黄色，禁忌褐色。新加坡人一般对红、绿、蓝色很欢迎，视紫色、黑色为吉利，黑、白、黄为禁忌色。

在日本就餐要遵守他们的饮食习惯

当你去某个日本人家里或者日本餐馆吃饭时，需要做的第一件事是脱鞋子。日本人很少将在外面穿的鞋子穿到房间里面，因为这样能够很好地保持房间地面的清洁，通常主人会在你进门后递给你一双拖鞋。

和它的邻居中国一样，日本人也是共同分享食物的，但并不是在食物上来时，每个人都去夹，而是将食物分发给其他人。你应该用筷子"干净"的一端取食物。"干净"端是指不用来吃的一端，一般是指筷子比较粗的一端。

吃饭时，你需要用筷子夹起大块的肉、鱼肉或者寿司。尽量每次只咬一小口，如果食物实在太小，那么可以将整块食物都放进嘴巴里。吃面条的时候，你应该将面条咬成小段而不是将所有的面条都一次性塞进嘴巴里。另外，吃中国菜时，如果你想喝汤，必须把汤盛在汤碗里再喝。如果汤里有较大的食物，你可以和汤一起喝下去，或者用筷子捞起这些食物然再食用。

温馨提示：
- 在日本，主人会给你一块温暖的湿巾用于饭前清洁。湿巾仅仅是用来擦手。清洁完毕，将它放到旁边。
- 在两道菜上菜间隙，你需要放下筷子，将它们放在筷子架上（有凹痕的小台子），或者平行地放在座位前面的桌子边缘。

在任何时候面对别人，都不应当吐脏字，说粗俗不堪的话，开恶俗的玩笑。

走路时应昂首挺胸,自然地抬头,但不要傲慢地扬着下巴。